CUATRO MALETAS
Y UNA COPA DE CHAMPÁN

ExLibric

MAISSA FERRERO

CUATRO MALETAS
Y UNA COPA DE CHAMPÁN

EXLIBRIC

ANTEQUERA 2024

CUATRO MALETAS Y UNA COPA DE CHAMPÁN
© Maissa Ferrero
Diseño de portada: Dpto. de Diseño Gráfico Exlibric

Iª edición

© ExLibric, 2024.

Editado por: ExLibric
c/ Cueva de Viera, 2, Local 3
Centro Negocios CADI
29200 Antequera (Málaga)
Teléfono: 952 70 60 04
Fax: 952 84 55 03
Correo electrónico: exlibric@exlibric.com
Internet: www.exlibric.com

ISBN: 978-84-10297-07-4
Depósito Legal: MA 1928-2024

Impresión: PODiPrint
Impreso en Andalucía – España

Nota de la editorial: ExLibric pertenece a Innovación y Cualificación S. L.

MAISSA FERRERO

CUATRO MALETAS
Y UNA COPA DE CHAMPÁN

Prólogo

Este libro está basado en hechos reales. Por evidentes motivos, se han cambiado nombres y omitido lugares, con el fin de no herir a nadie, ya que la historia se narra a través de Maissa, un personaje que existe con otro nombre.

En este libro, Maissa narra lo vivido durante quince años muy lejos de su hogar y rodeada de experiencias difíciles pero enriquecedoras que han hecho de ella una mujer sabia y luchadora.

Su regreso a casa nunca fue como ella esperaba. Volver a comenzar fue muy muy difícil y, después, su vida se vio truncada por un hecho que la cambiaría para siempre.

Introducción

Otoño de 2015

El día amaneció soleado, cosa rara para esa época del año. Antes de la partida de Maissa, ese sería su último día de trabajo. Necesitaba unos días para atender sus asuntos personales antes de su regreso definitivo a Europa.

La mañana transcurrió con normalidad, visitando clientes, como siempre. El tiempo pasaba rápido, y la hora de la comida llegó en un abrir y cerrar de ojos.

Esa tarde Maissa tenía programada la que sería su última visita de trabajo en la ciudad en la que había vivido los últimos once años, pero esta no era una visita como tantas otras, por eso la dejó para el final. Había quedado con Delia, la madre de su amiga Cloe, para entregarle unas cosas que le había encargado.

A eso de las cinco, pidió un taxi por teléfono. El coche llegó puntual a recogerla. Solo diez minutos más tarde estaba frente a la casa de Delia y Conrado.

Delia, como siempre, la recibió de manera especialmente cariñosa, al igual que su esposo, Conrado. Ambos habían sido una familia para ella durante los años que estuvo lejos de su país. Al principio, intercambiaron saludos y hablaron de lo cotidiano. Acto seguido, Maissa le entregó a Delia sus encargos. Ahí Conrado fue directo y le preguntó a Maissa: «¿Cuándo viajas?». Ella se entretuvo explicándoles los pormenores de su viaje de regreso a Europa.

Un rato más tarde, cuando Maissa se despidió de Delia y Conrado, algo se quebró en su interior; sin embargo, tenía la certeza de que la relación con ellos seguiría a pesar de la distancia. En ese instante, tomó conciencia de que estaba cerrando una etapa de su vida para abrir otra. Lamentablemente, nunca más volvería a ver a Conrado, pues poco tiempo después falleció.

Parecía que el día de la vuelta a casa no iba a llegar nunca, pero por fin llegó. Estaba sentada en la sala vip del aeropuerto, otra vez a punto de cruzar el océano. Pero esta vez era muy distinto. Maissa llevaba su vida metida en cuatro maletas y un billete solo de ida.

Muchas emociones se agolpaban en su corazón, pero, en su caso, no eran contradictorias, como les había oído decir a otros compatriotas muchas veces cuando regresaban definitivamente a casa.

Sentada en una mesa de la sala vip, pidió un vodka con tónica, dio un largo sorbo, lo saboreó. Por fin había llegado el día. Maissa regresaba a su mundo. Sin embargo, a pesar de haber vivido tantos años fuera, no sentía un ápice de pena o tristeza por marcharse de aquel lugar. Ella se iba en paz, había planificado su vuelta durante meses. Empezaba una nueva vida lejos de una vida plagada de vivencias difíciles y momentos muy dolorosos.

1

Diciembre de 1999

Maissa era una mujer joven, de apenas veintisiete años, que vivía con su marido en una pequeña ciudad del norte de España. En 1999, todo el mundo albergaba una extraña sensación, pensando que cuando llegase el año 2000 todo iba a ser diferente, moderno y que el mundo cambiaría. Pero nada de eso fue así.

Como todos los años, Maissa y su marido estaban intentando organizar algo para el 31 de diciembre. Aquel año decidieron ir a celebrar Fin de Año a un elegante hotel en la montaña, con otras dos parejas más de amigos: Neda y Rodrigo, que eran íntimos amigos de ambos, y la otra pareja la formaban la hermana de Rodrigo, Nerea, y su marido, Juan.

Como Rodrigo trabajaba parte del día 31, quedaron en que Maissa y su marido recogerían a Neda en su casa y se irían los tres juntos. Rodrigo iría directamente desde su trabajo al hotel, unas horas más tarde. Juan y Nerea irían por su cuenta.

Cuando el matrimonio recogió a Neda, nada más subir esta al coche, Maissa se dio cuenta de que no tenía muy buena cara. Comentó que la noche anterior había tenido una celebración con unos compañeros de trabajo y que había comido algo que no le había sentado bien. Y, de hecho, así fue, pues pasó parte del camino con náuseas y malestar. Maissa pensaba que con unas horas de descanso Neda se recuperaría.

Llegaron al hotel después de una hora de viaje. El dueño los recibió muy atentamente. Se registraron, y Neda subió a su cuarto a descansar. Por su parte, Maissa y su marido dejaron las maletas en la habitación y se fueron a dar una vuelta, pasearon por los alrededores y acabaron comiendo algo en un pequeño bar del pueblo. Cuando regresaron al hotel, el dueño les informó de que Rodrigo ya había llegado. Al menos, Neda ya no estaba sola.

Después de un rato, Maissa llamó desde su habitación a la de Neda y Rodrigo para saber cómo se encontraba su amiga. Rodrigo fue quien atendió el teléfono y les dijo que Neda no acababa de sentirse bien.

La tarde fue pasando y, casi sin pensarlo, llegó la hora de la cena. Maissa y su marido empezaron a vestirse. El código de vestimenta era de gala, ya que se trataba de una cena con cotillón. Por fin, a eso de las nueve bajaron al salón donde se celebraba la fiesta, en el que ya había algunos clientes del hotel tomando copas de champán.

El camarero se les acercó y les ofreció una copa. A Maissa le gustaba pasarlo bien, así que decidió empezar a disfrutar de la noche. Al poco llegaron Rodrigo, Neda, Juan y Nerea. Se sentaron en una mesa que era solo para ellos, sirvieron una cena compuesta de varios platos. Neda iba probando un pequeño bocado de cada plato que servían, pero su cara reflejaba el cansancio que sentía. A pesar de eso, intentaron disfrutar lo máximo posible.

Cuando llegó la hora de las campanadas estaban listos con sus doce uvas. Maissa sabía en su interior que ese sería el último Fin de Año que pasaría junto a su marido. No era feliz con él.

La noche se fue desenvolviendo entre charlas, risas y algún baile. Al día siguiente, Neda se encontraba mucho mejor y, junto a Rodrigo, Juan y Nerea, pudo disfrutar de buenos paseos y una suculenta comida por la zona.

Todos aquellos pensamientos sobre su futuro, que la noche antes rondaban a Maissa en el momento de las campanadas, se mantuvieron alejados por unas horas, mientras estuvo en compañía de sus amigos.

2

Esa escapada en compañía de amigos había resultado muy agradable, pero tocaba volver a la vida cotidiana. A Maissa la idea no le seducía en absoluto. El pensamiento de separarse de su marido cada día iba tomando más forma en su cabeza, aunque hasta el momento ella nunca se lo había dejado entrever, y aún menos había hablado de este tema, ni con él ni con nadie. Después de las fiestas de Navidad, su marido regresó al trabajo. Él pasaba todo el día fuera de casa, se marchaba a primera hora de la mañana y ya no volvía hasta la hora de cenar. Aunque esté mal decirlo, esto era un alivio para ella, que sabía que ese hecho le daba tiempo para pensar y ordenar su cabeza.

El marido de Maissa siempre había estado contento y orgulloso de su trabajo, pero la realidad era que la remuneración que recibía resultaba muy escasa para el nivel de vida al que su mujer estaba acostumbrada. El sueldo de su marido daba prácticamente para sus propios gastos, apenas contribuía con una pequeña cantidad para algunos gastos de la casa.

Ambos provenían de mundos muy distintos, y eso cada día se iba notando más. Si bien fue un amor cálido y suave de juventud, donde tuvieron una bonita relación, cada vez quedaba menos de todo aquello entre ellos. En reiteradas ocasiones, Maissa intentó hablar con él, pero su marido vivía muy ensimismado en sí mismo y en su trabajo dentro de un departamento de investigación.

Maissa se sentía cada vez más sola, cada día era más consciente de que no podía contar con su marido para nada. Cada vez estaba más cansada de tener que mantener la casa ella sola prácticamente, pues como él le dijo un día: «La casa es tuya, mantenla tú». Cada día se iba hartando más. Si quería vivir como a ella le gustaba y como estaba acostumbrada, tenía que hacer pequeñas escapadas a Madrid para ir a los restaurantes de lujo que a ella le gustaban y salir de compras por el barrio de Salamanca, donde estaba el colegio en el que había estudiado. Esos eran los lugares con los que Maissa se sentía identificada, aunque le encantaba vivir en la pequeña ciudad de provincia en el norte donde residían ella y su marido.

Para Maissa el ambiente de la alta sociedad madrileña era donde había pasado la mayor parte de su vida, hasta que después de muchos veraneos en el norte y tras conocer a su marido decidió dejar Madrid e instalarse en esa pequeña ciudad de la cornisa cantábrica. Hay quien cree que lo hizo por amor, pero no fue ese el principal motivo, lo hizo porque en sus años de juventud se enamoró de esa pequeña ciudad y de su forma de vida.

Con el paso del tiempo, la distancia entre Maissa y su marido cada vez se iba haciendo más grande. Entendió que si no era ella quien daba el paso, nadie lo haría y sencillamente las cosas seguirían como estaban. No debía aplazar por más tiempo comunicarle a su marido la decisión que había tomado. Ahora debía pensar una forma de hacerlo, pero nunca hay una buena manera para decirle a alguien que no quieres seguir formando parte de su vida.

Decidió invitarlo a cenar en un restaurante un viernes por la noche, como hacía muchas veces. Esta vez eligió un restaurante de renombre en el cual ninguno de los dos había estado antes y que se encontraba algo lejos de su domicilio, en un pequeño pueblo a unos cincuenta kilómetros. Maissa intentaba ser cuidadosa y no quería manchar ninguno de los escenarios habituales que compartía con él para plantear un tema como aquel.

Al principio su marido no percibió nada, para él era otra noche más, un viernes más yendo a probar un nuevo restaurante; sin embargo, Maissa iba con un nudo en el estómago, pero sabía que eso era lo que debía hacer en ese momento.

La cena transcurrió hablando de temas cotidianos, hasta que llegaron al final del segundo plato y pidieron el postre. En ese momento, Maissa lo miró fijamente a los ojos y le dijo:

—Tenemos que hablar.

Él abrió los ojos como platos, parecía algo sorprendido, o se lo hizo; eso Maissa nunca llegaría a saberlo.

No se anduvo con rodeos y le soltó:

—Creo que esto no va bien, quiero el divorcio.

La miró sorprendido con los ojos vidriosos, casi parecía que estaba a punto de llorar. Le alegó un montón de motivos para no dejarla ir, pero Maissa ya no estaba dispuesta a escucharlo, ya no lo amaba. Y la convivencia con él no le aportaba nada, pues cada día estaba y se sentía más sola, pero atada a un hombre. Y no estaba dispuesta a seguir así.

De vuelta a casa, en el coche, casi no se dirigieron la palabra. El trayecto se hizo eterno. Cuando llegaron, Maissa le dijo a su marido:

—Me pasaré al cuarto de invitados.

—Haz lo que quieras —contestó muy seco.

Ella era demasiado joven y, en consecuencia, algo ingenua aún, y pensó que siendo su casa, su marido le diría que se quedase ella en la habitación principal y que él se mudaría al cuarto de huéspedes, pero no fue así. A él le importó un comino y se quedó en el dormitorio conyugal.

Maissa solo cogió un camisón, nada más. Pensó que le costaría conciliar el sueño, pero nada más lejos de la realidad. Se sentía aliviada, se había quitado un gran peso de encima, y al poco rato se quedó dormida.

Al día siguiente, cuando se levantó, bajó a la cocina e hizo café, como hacía cada día por la mañana. Al poco su marido se presentó en la cocina. Cortésmente le ofreció una taza de café, y él aceptó. La tensión estaba en el aire, no se dirigieron casi la palabra. Desde ese mismo día empezaron a hacer vidas separadas.

Aquella mañana de sábado, ya no fueron a tomar el aperitivo juntos como solían hacer. Cada uno se fue por su lado. Maissa pasó la mañana deambulando por las calles del casco histórico. La soledad que sentía era cada vez más profunda, pero ella había tomado esa decisión y sabía que estaba en el camino correcto.

Por la tarde, algo más calmados, ambos se sentaron a hablar. La casa en la que vivían le pertenecía a ella, su padre se la había regalado como obsequio de boda. Su marido le dijo que no tenía dónde ir y no deseaba regresar a casa de sus padres. Maissa se sintió muy incómoda, respiró profundamente y le dijo que se quedase hasta que consiguiera ahorrar algo de dinero para poderse marchar y alquilar algo por su cuenta. Sin embargo, le recalcó que harían vidas separadas y cada uno dormiría en una habitación.

Maissa se sentía muy frustrada, ya que fue ella quien acabó pasando varios meses en el cuarto de huéspedes de su propia casa, pues su marido se limitó a aprovechar la situación. Otra decepción más de tantas que ya llevaba, ni una gota de consideración.

El lunes por la mañana, cuando Maissa estaba sola en su casa, aprovechó para mudar unas cosas de su cuarto a la habitación de huéspedes, ahora que él se había ido a trabajar. Se sentía más libre, menos observada, y podía hacer estas cosas con cierta calma. Lo que nunca imaginó esta era que su estancia en el cuarto de huéspedes se prolongaría durante varios meses.

Por suerte, Maissa contaba con un buen entorno social, en el que pronto empezó a apoyarse. A su vez, el marido de Maissa pasaba cada vez más tiempo fuera de casa; aun así, a veces coincidían y ella no podía evitar pensar: «¿Cuándo se irá?».

A raíz de su matrimonio, ella había dejado muchas cosas de lado: amigos, actividades culturales, salidas…, que poco a poco empezó a retomar con bastantes ganas. Eso hizo que empezase a sentirse mejor.

En cierto momento Maissa conoció a otra persona, y nunca imaginó lo lejos que esta relación la llevaría. Nunca fue una relación normal, pues siempre hubo un océano que los separaba, un océano físico.

3

Ese hombre al que acababa de conocer fue una bocanada de aire fresco en la vida de Maissa. Parecía que contaba con aplomo, madurez, todo lo contrario que su marido.

Empezó a pasar bastante tiempo charlando con su nueva ilusión, se escribían *emails*, y aunque en un principio este hombre le resultaba muy interesante, no le acababa de entrar por el ojo. Él vivía a miles de kilómetros en una ciudad de América del Sur.

Maissa vivía una situación extraña. Por un lado, estaba la convivencia recién terminada con su marido, su trabajo, sus amigos y, por otro, este hombre que estaba a miles de kilómetros y que la llamaba y le escribía. Era como si toda su vida estuviera en el aire. Ella quería ser libre, volar, vivir.

El tiempo fue pasando y un buen día, a principios de verano, el marido de Maissa le dijo que había encontrado un pequeño apartamento y que en breve se mudaría. Respiró aliviada, aunque a la vez sintió cierta pena. En paralelo empezaron a tramitar el divorcio.

Maissa seguía en contacto con su nuevo amigo, se escribían, se llamaban. Las conversaciones eran cada vez más largas e intensas, pero sobre todo más íntimas. El tiempo empezó a pasar mucho más rápido, y por fin parecía que esa pesadez que había arrastrado durante los últimos meses iba desapareciendo.

Un día, al regresar del trabajo, el marido de Maissa le anunció que ese próximo sábado se mudaría al apartamento que había alquilado, que ya le habían entregado las llaves. En esta ocasión, ella pensó: «¡Qué alivio!». Aquella situación se había prolongado demasiado.

El sábado llegó, como llega todo en esta vida. Por suerte había un sol espléndido, así que cuando Maissa se levantó, lo vio recogiendo sus cosas. Ella decidió marcharse a pasar el día a la playa, así no estaría en medio. Antes de salir, le dijo a su todavía marido que cuando acabase podía dejar su juego de llaves encima de la mesa de la cocina. Cuando se marchó, supo que a la vuelta él ya no estaría.

El sol se prolongó hasta bien avanzada la tarde. Cuando Maissa regresó a casa eran más de las siete y media de la tarde. El juego de llaves que había pertenecido a su marido estaba sobre la mesa de la cocina, según lo acordado, y ya no quedaba rastro de él ni de sus pertenencias.

Subió al que había sido su dormitorio de casada durante los últimos años, que hasta ese mismo día había estado ocupado por su marido. Lo primero que hizo fue deshacer la cama, y puso un juego de sábanas limpias. Por fin podría volver a dormir en su cuarto, colocó sus cosas nuevamente en su sitio. Era un paso más hacia una nueva vida, quizá el más importante, porque sin la marcha de su marido todo lo demás hubiera sido imposible.

Un par de horas más tarde Maissa se vistió. Entonces se dio cuenta de que era sábado y que no tenía con quién salir, pero poco le importó, igualmente salió y fue a tomar unos vinos sola. Estaba harta de estar acompañada y sentirse sola, al menos ahora era libre.

Entró en un bar del cual era cliente habitual, se puso en la barra, pidió una copa de vino tinto y disfrutó observando a la gente. Hace casi veintidós años atrás, ver a una mujer joven —

tenía solo veintisiete años— y sola sentada en una barra podía parecer extraño, ahora es lo más normal del mundo.

A pesar de las circunstancias, no fue nada mal. Ella tomaba su copa de vino y disfrutaba viendo el ambiente que la rodeaba.

Aquella sería su primera noche sola, en su casa, en su cama. Había anhelado ese momento durante meses. Cuando regresó a casa bien entrada la madrugada, subió a su cuarto, se desvistió, se aseó y se acostó en su cama. Al poco rato se quedó dormida.

En unos días se iría a Madrid, a casa de su padre, donde daría el siguiente paso: ella ya le había insinuado algo a su padre sobre su separación, pero esta vez tenía que ser mucho más firme y sonar convincente.

4

Un par de días más tarde, Maissa cogió el avión que la llevaría a Madrid. Cuando llegó todo seguía igual que siempre: el jardín con muchas flores de temporada, que plantaba con mucho esmero cada primavera el jardinero que tenían, y la piscina tenía el agua impoluta, ya que el jardinero también se encargaba de mantenerla diariamente.

Se respiraba ambiente de verano. La chica de servicio iba de un lado a otro haciendo sus tareas, y Lara, la hermana menor de Maissa, siempre tenía la casa llena de amigos. Hacía sol, un día radiante de verano, así que subió al que había sido su cuarto durante años, abrió la maleta, que no deshizo en ese momento, y solo cogió un bikini y una túnica de playa. Se cambió y bajó dispuesta a pasar un buen rato en la piscina.

Al poco rato, mientras estaba tumbada en la piscina empezaron a llegarle al móvil mensajes del hombre que había conocido recientemente. Se sentía bien, en la piscina disfrutando del sol e intercambiando mensajes con el hombre con el que en aquel entonces estaba ilusionada.

En esos mensajes, que en su mayoría eran de voz, le dijo que tenía una persona muy allegada que acababa de venir a vivir a Madrid. Howard le había enviado un obsequio a través de esta persona. Le dijo que la llamaría para quedar con ella y darle el encargo que le traía y de paso se conocerían.

Por la tarde, Maissa recibió una llamada de Krystel, una chica que parecía muy alegre, hablaba rápido y tenía un acento indescifrable, pues había vivido en varios países. Se acababa de casar con chico español, Juan Zubiaga. Krystel la invitó a cenar en su casa, y Maissa le dijo que encantada iría, pero que tenían que posponer la cita, pues en un par de días se iba a Suiza de viaje con su hermana Lara, que lo mejor sería quedar a su regreso. Finalmente, quedaron en que la llamaría a la vuelta de su viaje.

Cuando ya estaba atardeciendo y el día de piscina tocaba a su fin, apareció el padre de Maissa. Ella sabía que no podía posponer por más tiempo la conversación que tenía pendiente con él.

Su padre estaba sentado cómodamente en uno de los sofás del porche, como tantas otras tardes de verano, viendo caer el sol y tomando un *whisky*. Se acercó a su padre, le dio un beso y se sentó junto a él. Empezaron a hablar de temas cotidianos, hasta que la conversación fue virando hacia otros temas y él directamente le preguntó:

—¿Al final qué pasa con tu matrimonio?

Ella le contestó que ya estaba viviendo sola desde hacía varias semanas y que se iban a divorciar, que, de hecho, ya habían iniciado los trámites.

Con gesto algo duro, su padre la miró y le preguntó:

—¿Estás segura?

La respuesta de Maissa fue tajante:

—Papá, no soy feliz y cada día iba a peor, así que esto es lo mejor para ambos.

Se notaba que la situación no era del agrado de su padre, pero decidió dejar de lado el asunto.

—Sube a tu cuarto, vístete y vámonos a cenar a algún sitio.

A su padre le gustaba improvisar, y eso hacía que la vida a su lado resultase dinámica y enérgica.

Al día siguiente, Maissa debía preparar la maleta para irse con Lara a pasar unos días a Ginebra. Subió a su cuarto dispuesta a preparar una maleta en la que no faltase de nada. Siempre le había gustado viajar y los preparativos la ponían de muy buen humor. Estuvo un buen rato seleccionando vestidos, zapatos, bolsos y algunos complementos más, tratando de que todo entrase de la mejor manera posible en su Samsonite, que la había acompañado por medio mundo, y metió todo lo que le pareció necesario.

Por varias razones su familia siempre había tenido una vinculación con Suiza. Desde pequeña, cada vez que viajaba al país helvético se sentía particularmente a gusto. Por aquel entonces su hermana Lara cursaba sus estudios en una universidad en Ginebra.

Las hermanas salieron a primera hora de la mañana en un taxi que las llevaría al aeropuerto. Era un vuelo corto y ambas iban entretenidas charlando. A pesar de ser hermanas, la relación entre Lara y Maissa había pasado por etapas muy distintas, pues a fin de cuentas había una importante diferencia de edad, no habían ido a los mismos colegios y hacía tiempo que ya ninguna vivía en la casa familiar.

A su llegada a Ginebra, lo primero que hicieron fue ir al apartamento de Lara, a dejar las maletas. Esta vivía en una zona bastante céntrica, relativamente próxima al lago Leman.

Era casi la hora de comer así que decidieron ir a Da Paolo, un restaurante bastante conocido que estaba muy próximo a la casa de Lara. Era conocido por tener las mejores *pizzas* de la ciudad. Suiza, al ser un país fronterizo con Italia, cuenta con muy buenos restaurantes italianos.

Degustaron un delicioso tartar de salmón, y después comieron unas *pizzas,* todo ello acompañado con fresco vino italiano, pues aunque en Ginebra no hacía la misma temperatura que en Madrid, era verano y hacía calor.

Maissa estaba recién separada y, aunque había sido por decisión propia, no atravesaba un buen momento. Su ánimo era variable, a ratos estaba contenta y a ratos algo más desanimada. Su hermana intentaba entretenerla dándole conversación y llevándola a sitios con el fin de tenerla ocupada.

Al final de la tarde fueron a pasear por el casco antiguo de Ginebra y acabaron cenando una *fondue*, en pleno mes de julio. Maissa tenía esas rarezas, le daba igual que fuese julio, si eso era lo que le apetecía lo hacía y punto.

Al día siguiente aprovecharon para visitar un par de museos y por la tarde decidieron coger el coche e ir a Nyon, una pequeña ciudad situada a unos veinticinco kilómetros de Ginebra. Pasearon durante un rato, hasta que al final decidieron sentarse en la terraza de un restaurante muy coqueto, donde cenaron al aire libre. Después regresaron a Ginebra y acabaron tomando una copa en Le Leopard, el bar del Hotel d'Anglaterre, que en aquella época era uno de los puntos de la gente guapa de Ginebra.

Los días iban pasando y aquel viaje estaba resultando un soplo de aire fresco para Maissa, después de haber pasado unos meses muy tensos. De vez en cuando Howard, el hombre que vivía a miles de kilómetros, le enviaba *emails* y mensajes, al menos un par de veces al día. A pesar de la distancia, eso iba generando una ilusión en Maissa.

Los siguientes dos días se dedicaron a hacer compras y a pasear por Ginebra. La última noche decidieron darse un capricho, acudiendo al Tse Yang, un restaurante oriental muy reputado donde por aquel entonces aún se servía la sopa de aleta de tiburón, que años después se acabaría prohibiendo.

El momento de regresar a Madrid se aproximaba y Maissa no podía evitar sentir cierta pena. Tenía que volver a la rutina y, sobre todo, afrontar los trámites del divorcio.

5

Regresaron a Madrid. Lara iba más contenta que su hermana, pues iba con la ilusión de apurar sus últimos días de vacaciones en España con sus amigos, antes de regresar a la universidad en Ginebra. A Maissa, por su parte, le quedaba pendiente la cena con Krystel y su marido.

Al llegar a Madrid, se lo tomó con calma y decidió aprovechar el radiante día de sol para disfrutar de la piscina, pues en el fondo, donde ella residía habitualmente, el clima era impredecible a pesar de ser verano.

Por la tarde llamó a Krystel y quedaron en su casa al día siguiente para cenar. Cuando Maissa tomó nota de la dirección, entendió que vivían en una zona residencial de Madrid de buen nivel.

Maissa era detallista, así que, sin pensarlo, fue a una conocida tienda de chocolates y bombones y compró una caja de Godiva, pues no quería presentarse en casa de Krystel de manos vacías. Se arregló con esmero, eligió un vestido de cóctel negro con un gran escote en la espalda —aprovechando que estaba muy bronceada— y se puso unos zapatos de tacón alto.

Cuando bajó, el taxi ya la estaba esperando en la puerta. Salió con tiempo, pues la casa de Krystel estaba un poco lejos, en una urbanización, y aunque suene extraño, en aquel entonces los taxis no contaban con GPS. A pesar de todo, Maissa llegó puntual a su cita. Iba algo nerviosa, pues, a fin de cuentas, iba a cenar a casa de gente que no conocía de nada.

Al llegar, tocó el intercomunicador y tuvo que atravesar un extenso jardín comunitario hasta llegar al edificio donde residían Krystel y su marido, Juan Zubiaga. Este abrió la puerta y la hizo pasar al salón. Por lo visto, Krystel estaba acabando de arreglarse.

Juan resultó ser un hombre muy atractivo. La saludó con un beso y pronto le ofreció una copa. Maissa la aceptó encantada, pues estaba algo nerviosa y pensó que una copa la ayudaría a relajarse. Al poco rato Krystel apareció en el salón y de inmediato se integró en la conversación. Ambos fueron muy amables con ella y la hicieron sentirse cómoda, así que la tensión del principio se fue disipando.

Entre vino y vino, la noche resultó muy animada. Al final de la velada Krystel le entregó el encargo que le había enviado Howard. Era una pequeña caja. Cuando Maissa la abrió, vio que contenía diversas cosas: una carta, unos discos y un peluche. Se dio cuenta de que era mejor revisar todo eso en privado y cerró la caja.

Cuando llegó a casa, ya en la intimidad de su habitación, con calma revisó el contenido de la caja. Había algunas cintas de música, una carta, algunas fotos y alguna cosa más.

Los siguientes dos días Maissa se dedicó a tomar el sol y a bañarse en la piscina antes de regresar a su casa.

Aunque sintió cierta pena por dejar atrás esos días tan agradables que había pasado viajando, se sintió contenta de volver a estar en su hogar, tener intimidad y volver a poder vivir a su aire. Le gustaba mucho estar con amigos, pero valoraba enormemente su espacio, su intimidad, y la soledad le pesaba solo en momentos muy puntuales.

El verano iba pasando rápido y las fiestas de la ciudad en la que residía estaban a punto de comenzar. Estas fiestas siempre tenían un sabor agridulce, eran muy bonitas, pero indicaban que el verano estaba llegando a su fin.

Maissa seguía escribiéndose y charlando con Howard, quien desde la cena en casa de Krystel, la llamaba con mucha más frecuencia y la empezó a alentar a que debían hacer un viaje juntos para conocerse mejor. A ella le agradaba bastante la idea; sin embargo, tenía muy claro que este viaje no debía producirse hasta que su divorcio no estuviese completamente resuelto.

6

El verano acabó, y la llamada de su abogado no tardó en llegar. Le dijo que debían acudir al juzgado para ratificar la demanda de divorcio.

Aunque Maissa deseaba terminar con todo aquello cuanto antes, no pudo evitar sentirse algo nerviosa los días previos a la cita en el juzgado. A fin de cuentas, era la primera vez que pasaba por algo así.

Llegó al juzgado a la hora que la citó su abogado. Nada más pasar el control de seguridad, en un pequeño corrillo estaban su abogado, el procurador y su todavía marido. Ella fue la última en llegar. Sin demora pasaron a una pequeña oficina, donde primero firmó su marido y después ella.

El abogado les anunció:

—Ahora solo queda esperar, pero esto no tardará.

Maissa regresó a su casa sin ganas de nada, no le apetecía hacer nada. Después de todo, acababa de romper varios años de convivencia en común.

Intentó pasar el día lo mejor que pudo, tratando de entretenerse con cosas que no requiriesen mucha concentración: vio algo de televisión, hizo alguna tarea pendiente… Tenía ganas de que ese día llegase a su fin.

Después de unos días pensando y ya más tranquila, decidió que lo mejor sería marcharse de España por un tiempo.

Aunque hacía años que había acabado su carrera, sentía la necesidad de seguir formándose, y una asignatura pendiente era el francés, así que decidió empezar a organizar su ida a Francia. Para eso, primero debería liquidar algunos asuntos de negocios que tenía pendientes.

Al día siguiente concertó una cita con una persona que organizaba cursos en el extranjero para adultos. Le sugirieron estudiar en la Alianza Francesa, y le propusieron varias ciudades de Francia. Maissa era consciente de que debía elegir cuidadosamente en qué ciudad residiría, pues dado su carácter, era importante que fuese una ciudad animada, y otro factor a tener en cuenta era el clima, no tenía ganas de pasar excesivo frío.

Después de varias averiguaciones, llamadas y consultas, decidió optar por la ciudad de Toulouse, por varios motivos: el clima, el ambiente y porque, además, allí contaba con algún contacto que la podía orientar. De hecho, su contacto la ayudó a preparar la solicitud en la Alianza Francesa de Toulouse. El primer paso era reservar una plaza y acudir al centro para realizar una prueba de nivel de francés. Una vez hecha la prueba, los profesores determinarían en qué nivel debería matricularse.

Entre *emails* y teléfono consiguió pactar la prueba para los primeros días de enero, pues era buen momento para incorporarse, ya que empezaba el segundo trimestre.

Unos días más tarde, Maissa compró un billete de avión y reservó una semana de hotel, para así tener un sitio donde llegar, hasta que encontrase un apartamento de alquiler.

7

Una vez terminados los preparativos del viaje, Maissa se sintió aliviada. Tenía un nuevo proyecto entre manos y eso la hacía sentirse bien.

Las llamadas y el intercambio de correos con Howard iban a más cada día. Llegó un momento en que, sin estar a su lado físicamente, conocía su vida cotidiana casi por completo.

Los días iban pasando y Maissa disfrutaba de su etapa de transición hasta su marcha a Toulouse. Salía con sus amigos, iba al gimnasio, se ocupaba de ir cerrando el papeleo del trabajo que había desempeñado durante los últimos años. Antes de su partida también tenía pendiente la boda de unos íntimos amigos suyos, no se la quería perder por nada del mundo.

La boda era un viernes, así que ese día a primera hora de la mañana acudió a la peluquería, después hizo algunos recados y cuando llegó a casa a última hora de la mañana, fue hacia el salón a ver si había algún recado en el contestador automático. Efectivamente, había uno, y era reciente. Su abogado le comunicaba que ya había salido la sentencia de divorcio y que oficialmente ya era una mujer divorciada. Maissa no pudo reprimir su alegría y alivio.

Esperó un rato para llamar a Howard y contárselo, ya nada la ataba. Cuando le comunicó la noticia, él le dijo:

—Bueno, entonces ya nos podemos ir de viaje.

Ella se sentía feliz como una chiquilla, con todo un nuevo horizonte por delante.

En cuanto terminó de hablar con Howard, cogió la pequeña maleta, que había preparado la noche antes, para acudir a la boda de sus amigos, pues se casaban en otra ciudad y, por comodidad, había cogido un hotel muy próximo al lugar donde se celebraba la fiesta.

Tomó un autobús que la llevaría hasta la ciudad donde se celebraba la boda de sus amigos. Cuando llegó a su destino cogió un taxi para ir al hotel donde había decidido alojarse, para así poder disfrutar de la fiesta y no sentirse apurada por volver a casa.

Maissa estaba contenta, su divorcio se había confirmado y tenía planeado un viaje —aún no sabía a dónde— para encontrarse con el hombre con el que estaba ilusionada. Y aunque estaba contenta, tantas emociones juntas la estaban agotando.

Cuando al fin llegó al hotel aún quedaban unas horas para la boda, así que decidió tumbarse en la cama de la habitación, aunque apenas logró descansar. Se tomó un Lexatin y se dio una larga ducha de agua muy caliente, esperando que eso la relajase un poco. Y así fue.

A la hora indicada, Maissa estaba en el lugar donde había acordado encontrarse con otros invitados, conocidos comunes y amigos que también acudían a la boda. Nada más llegar, empezó a aparecer gente conocida, y al poco llegó el autobús que debía trasladar a todos los invitados a la fiesta.

Esta era una boda a la inversa. Hoy en día las bodas han cambiado mucho su formato y hay todo tipo de celebraciones, pero esto a principios del siglo XXI no era aún tan común. Esta pareja en cuestión decidió hacerlo al revés, es decir, celebrar una fiesta el viernes por la noche y, el sábado a mediodía, celebrar la ceremonia en el ayuntamiento.

Cuando el autobús llegó al lugar donde se celebraba la fiesta, ya había otros invitados que habían ido por su cuenta. Era algo informal, tipo cóctel, con mesas llenas de comida y muchos camareros pasando bebidas, lo cual fue muy oportuno para Maissa, ya que su ex también estaba invitado a esa boda y al menos así no tendría que sentarse con él y le sería más fácil esquivarlo. Cuando se lo encontró, se saludaron, pero se notaba que ninguno de los dos estaba cómodo.

La fiesta se fue animando, y como Maissa conocía a buena parte del entorno de los novios, se sentía cómoda y se estaba divirtiendo, salvo por una cosa, su ya exmarido no le quitaba los ojos de encima y hubo un momento en que esto empezó a incomodarla bastante.

Su exmarido había acudido acompañado de una compañera de trabajo, la cual andaba sola y, a ratos, con él. En un momento dado Maissa se hartó y se dirigió hacia él, y sin alzarle la voz, discretamente, le susurró al oído:

—Déjame en paz de una vez, y ve a atender a tu amiguita, que no te quita el ojo de encima.

Su exmarido ya llevaba más copas encima de la cuenta y se estaba poniendo muy pesado. Insistía en hablar con Maissa, pero ella se iba escabullendo como podía entre los distintos grupos de invitados.

La fiesta se prolongó hasta las tres de la madrugada, hora a la que nuevamente un autobús trasladó a todos los invitados que quisieron al centro de la ciudad.

Cuando el autobús llegó a su destino, muchos se marcharon a casa, pero otros tantos, entre ellos Maissa, decidieron seguir de fiesta. Su exmarido, cómo no, también se encontraba en el grupo.

Acabaron en un conocido disco-bar, eran algo más de las tres y media de la madrugada. Maissa pidió una copa y se puso a charlar con otras dos invitadas, que también eran sus amigas. Su ex estaba en una esquina, bastante ebrio y murmurando tonterías.

Una de estas invitadas estaba intentando que Maissa se llevase a su exmarido al hotel, para que no cogiese el coche en ese estado. Sin embargo, esta fue tajante y le dijo que si él se había pasado con el alcohol ya no era su problema, que era un adulto y ella no era responsable de sus actos. Maissa se sentía furiosa, presionada, parecía que la gente no estaba dispuesta a entender que ya nada les unía.

Ante la situación, decidió apurar su copa y marcharse a su hotel. Pensó: «Mañana será otro día».

Llegó a su hotel y volvió a ducharse nuevamente. En aquella época, en los locales de ocio aún estaba permitido fumar, por lo que tanto su ropa como su cabello apestaban a tabaco. Cuando acabó de ducharse, eran casi las cinco de la madrugada, así que no le quedaban muchas horas para poder descansar, pues debía dejar la habitación a las doce. Por temor a quedarse dormida, avisó a recepción para que la despertasen a las once.

Esas horas pasaron volando, tenía la sensación de que se acababa de acostar cuando sonó el teléfono de la habitación.

Se levantó, se sentía cansada. Sacó una Coca-Cola Light del minibar, con la idea de despejarse un poco. Nuevamente empezó a arreglarse, pues debía acudir a la ceremonia civil que se celebraba en el ayuntamiento, donde sus amigos se darían el «sí quiero». Después de la ceremonia, solo los familiares estaban convocados a una comida; el resto brindó por los novios en un bar. Todos reflejaban el cansancio de la noche anterior.

Un rato más tarde, Maissa pasó por el hotel, recogió su maleta y regresó a casa.

Por fin en casa, empezó a pensar en los eventos de la noche anterior. Revisando todo pensó que, por salud mental y comodidad, tendría que dejar a algunas personas en el camino. A fin de cuentas, parecía que no todo el mundo entendía su separación.

Estaba cansada, habían sido demasiadas emociones juntas. Se tumbó en el sofá y permaneció inmóvil durante horas. Estaba agotada.

8

El domingo por la tarde, ya recuperada del cansancio de la fiesta, Maissa aprovechó para dar un paseo. Esa misma tarde había quedado para hablar con Howard por teléfono sobre el viaje que iban a hacer.

Esperaba ansiosa su llamada, hasta que, estando sentada en el sofá del salón, sonó el teléfono de casa. Era Howard.

Primero tenían que ponerse de acuerdo en cuanto a las fechas. El viaje debía tener lugar antes de la partida de Maissa a Francia, en eso ambos estaban de acuerdo. Finalmente encontraron unas fechas que les encajaban a ambos.

El otro punto era el destino. Querían encontrarse en algún lugar del continente americano, barajaron varios destinos, Caribe, Centroamérica e incluso Estados Unidos. Al final optaron por encontrarse en un lugar del Caribe, lo coordinaron de tal manera que se encontrarían en el aeropuerto.

Decidieron que Howard se encargaría de buscar los hoteles, y luego cada uno buscaría su billete, haciendo coincidir la fecha de llegada. Él llegaría unas horas antes que Maissa y tendría que esperar.

Las semanas fueron pasando. Maissa iba haciendo gestiones relacionadas con su viaje, quería dejar sus cosas ordenadas antes de su partida a Francia por un tiempo. En sus ratos libres se dedicaba a salir con sus amigos, a frecuentar a algunas personas que durante su época de casada había dejado de lado.

Finalmente, llegó el día del viaje. Viajaba desde Madrid para encontrarse en una capital de un país del Caribe con Howard. Habían planeado encontrarse en el aeropuerto, Howard la estaría esperando, y desde allí cogerían un coche que los llevaría a un resort en una playa paradisiaca del Caribe, donde pasarían unos días. Después el resto del viaje lo pasarían visitando una capital del Caribe.

Maissa madrugó mucho ese día, se levantó de noche, para poder coger el avión que la llevaría a Madrid y de ahí al Caribe. Como tenía miedo de quedarse dormida, la noche antes contrató un servicio de despertador con el que contaba Telefónica en aquel entonces, además de poner su propio despertador.

El servicio contratado funcionó a la perfección, y al oír el sonido del teléfono, saltó de la cama al segundo; de hecho, la alarma de su despertador nunca llegó a sonar porque Maissa la paró antes de que sonase.

Había dejado todo listo en el cuarto de huéspedes. Se fue vistiendo, sin prisa, y cuando estuvo lista llamó por teléfono a un taxi para ir al aeropuerto. Cuando el taxi arrancó, aún no había amanecido. Iba muy ilusionada, pero a la vez se sentía extraña, pues en verdad no sabía bien dónde la llevaría esa historia.

El avión despegó puntual y llegó a Madrid a su hora. No pudo facturar el equipaje directo, así que se dirigió a la sala de recogida de equipajes, recogió su maleta y cambió de terminal.

Una vez en la nueva terminal buscó el mostrador de facturación que le correspondía, pero como salió con tanta anticipación, aún no estaba abierto. Fue como pudo, cargando con el carrito y su maleta hasta la cafetería más próxima. Se sentó y pidió un café. Estaba nerviosa, emocionada.

Un rato más tarde volvió al mostrador de facturación, que ya estaba abierto. Pudo facturar su maleta y quedó libre de equipaje, eso era un alivio. Pasó los controles y se adentró en la zona de embarque, a pesar de que aún faltaban casi un par de horas para que se iniciase el embarque. Primero fue a una casa de cambio y compró unos cientos de dólares, después empezó a dar vueltas entre las tiendas del Dutty Free. Había pasado un buen rato, en ese momento ya estaba un poco cansada y decidió sentarse en un bar próximo a su sala de embarque, así podría estar atenta. También había comprado un par de revistas en una tienda de prensa. Pidió una cerveza y ojeó las revistas por encima; en realidad, las guardaba para pasar el rato en el avión.

Finalmente, vio que ya se empezaba a aproximar gente a la puerta de embarque, así que se dirigió hacia el lugar. Ordenadamente fueron embarcando todos los pasajeros. Por suerte, el vuelo no iba lleno, así que Maissa pudo disponer de una fila de cuatro asientos para ella sola y, como era un viaje largo, a ratos podría tumbarse y su viaje se haría más cómodo.

Ya antes de subir al avión, mientras tomaba su cerveza, empezó a pensar en todos los escenarios posibles. Pensó que tal vez a su llegada no habría nadie esperándola al otro lado del océano porque Howard se hubiese echado para atrás. También podía ser que Howard estuviese allí esperándola, pero que la chispa no surgiese y quedaran como simples amigos. Y la otra posibilidad que barajaba era que saliese todo bien y surgiera la chispa. Tantas horas de avión y viajando sola daban para mucho.

A pesar de los pensamientos, tenía muy claro que eso era lo que quería hacer, intentar ver a dónde la llevaría esa vivencia. La mayor parte del viaje lo hizo tranquila, solo cuando el comandante anunció por los altavoces que iniciaban el descenso al aeropuerto empezó a ponerse algo nerviosa.

Al aterrizar y bajar del avión, no había *finger*, había que tomar un bus hasta la terminal. La bofetada de humedad y calor resultó chocante.

Maissa había viajado mucho a lo largo de su vida, tanto sola como acompañada, y sabía que este aeropuerto no era fácil, los controles eran muy distintos a los de los aeropuertos europeos. Otra cosa que pudo sentir nada más aterrizar fue la calma con que se tomaban su trabajo los funcionarios, allí nadie corría. Así que solo quedaba armarse de paciencia hasta que, finalmente, llegó su turno. Estaba nerviosa porque el avión había llegado a su destino con algo de retraso, y eso quería decir que si Howard estaba allí, ya llevaría un buen rato esperando.

Finalmente, Maissa accedió a la sala de recogida de equipajes. Las maletas empezaron a salir por la cinta transportadora por rachas, no era un flujo continuo. La gente se iba marchando según iba cogiendo su equipaje. Sin embargo, su maleta no aparecía y ya quedaban pocos pasajeros, por lo que empezó a preocuparse. Después de un largo rato esperando, apareció por fin su maleta, la última.

Durante ese rato, Maissa ya se había imaginado sin sus cosas, sin ropa, en una isla donde seguramente la oferta no sería muy grande y con un hombre al lado. Pero al final todo salió bien.

Esa espera la dejó tensa. Además, tras las largas horas de viaje y con el cambio de hora, estaba exhausta. Cuando logró salir a la sala de llegadas, estaba aturdida y cansada.

Howard la vio de lejos y se acercó a ella. La abrazó y la besó fugazmente. El retraso de la llegada del vuelo de Maissa había complicado un poco las cosas, pero, por suerte, Howard había conseguido que el chófer que debía trasladarlos al resort de playa donde pasarían los primeros días los esperase.

9

Era una noche muy negra. En el coche, ya de camino hacia el resort, sentados cómodamente en el asiento trasero, Maissa pensó: «Por fin estoy aquí». Howard comenzó a hablarle, parecía emocionado, hablaba sin parar. De repente tomó su mano y le dio un largo y apasionado beso. Maissa se quedó sorprendida, pero no podía decir que no le hubiese gustado.

El trayecto hasta el hotel era largo, así que tuvieron tiempo para hablar. Cuando llegaron era casi medianoche. Maissa llevaba ya casi veinticuatro horas despierta. Se registraron y un botones los acompañó a su habitación.

Empezaron a deshacer las maletas, parecía que se conociesen de toda la vida. Después Maissa se tomó una ducha con agua muy caliente, quería relajarse. Tras un buen rato salió del baño con un camisón blanco de satén, corto y con tirantes muy finos. Howard la miró, casi la desnudó con la mirada.

—Acércate —le dijo.

La sentó en sus rodillas, se besaron. Howard la acariciaba, y al final acabaron tumbados en la cama con sus cuerpos entrelazados, embargados por la emoción y un cansancio agotador. No sería hasta unas horas más tarde, después de haber dormido algo, cuando ambos dieron rienda suelta a la pasión.

Después se volvieron a quedar dormidos, y cuando se despertaron era casi media mañana y faltaba poco para que el turno del desayuno *buffet* llegase a su fin. Para no perderlo y como la noche antes no habían tenido oportunidad de cenar, se pusieron cualquier cosa encima y bajaron a desayunar. Al terminar, subieron nuevamente a la habitación y se pusieron los trajes de baño, dispuestos a disfrutar de un día de playa.

Pasaron varias horas en la arena charlando, besándose y tomando el sol. Después comieron en uno de los restaurantes del hotel. Tras unas horas de playa, a Howard se le ocurrió que podían ir al pueblo que estaba próximo al resort. El hotel disponía de bicicletas para los clientes. La idea era ir en bicicleta hasta el pueblo, un plan que a Maissa le seducía poco o más bien nada, pues no era una mujer deportista, pero quiso complacerlo.

Finalmente, cogieron las bicicletas y llegaron hasta el pueblo, por llamarlo de alguna manera, porque aquello no era nada, tan solo dos hileras de tiendas y casas destartaladas; eso sí, rodeadas de abundante vegetación y una carretera de arena llena de baches que atravesaba el pueblo.

Dieron una vuelta, entraron en una especie de bodega que tenía de todo, era casi como un bazar, pero prácticamente no tenía nada interesante. La visita al pueblo fue un desencanto total.

Regresaron al hotel, tomaron una ducha y después fueron a cenar a uno de los varios restaurantes con los que contaba el hotel. Escogieron uno y se sentaron en la mesa. Ambos charlaban animadamente, disfrutando el momento.

Al día siguiente, Maissa ya estaba más recuperada del *jet lag*, así que se sentía con más ánimo y más energía para disfrutar. Si bien estaban rodeados de vegetación y las playas eran inmensas y bonitas, a ella no le parecía nada tan especial, pues ya había estado en unas cuantas playas similares.

Los días empezaron a pasar muy rápido. Maissa y Howard se fueron conociendo cada día un poco más, todo entre ellos era nuevo y, por lo tanto, emocionante.

Hubo un par de días en que el clima no fue muy favorable, incluso llovió algo, y pasaron muchas horas charlando en su dormitorio y teniendo intimidad. Finalmente, llegó el día de partir a la capital de la isla, tenían pensado pasar allí unos días. Era un plan más urbano, querían conocer el centro histórico.

El viaje a la capital duró varias horas. Ese día Maissa cumplía años, y aquella no era la manera como le hubiese gustado pasar su cumpleaños, viajando en un autobús. Pero a la vez tenía ganas de ciudad, estaba un poco harta de estar en un resort y no poder hacer gran cosa.

Bien entrada la tarde, llegaron al hotel donde se iban a alojar. Aquello sí que era un hotel de verdad, se parecía más a lo que Maissa estaba acostumbrada. Se sintió mucho más cómoda en ese ambiente que con las palmeras, islas y resorts de playa con suelo de terrazo.

Se registraron y un botones los acompañó a la habitación. Volvieron a deshacer las maletas y se instalaron.

—Te tengo que invitar a cenar a un buen restaurante. Hoy es tu cumpleaños —comentó Howard.

A Maissa le gustó la idea; sin embargo, se ofreció ella a invitarlo, pero Howard insistió en invitarla y ella no quiso desairarlo. Lo cierto, más bien, es que no puso mucha resistencia, se dejó invitar. Ya era hora de que un hombre tuviese un detalle con ella.

Finalmente acabaron cenando en uno de los restaurantes del hotel, sobre todo porque se hizo tarde y no conocían nada. La cena resultó muy agradable; sin embargo, al final, cuando Howard pidió la cuenta, no pudo reprimirse y dijo lo que pensaba:

—Me parece caro.

Maissa se sintió muy incómoda y estuvo a punto de sacar su tarjeta y pagar ella. Pero sabía que si hacía algo así generaría una situación violenta, y no era la idea. El tema del dinero nunca fue un problema hasta ese momento, pues el resort era un todo incluido y, cuando reservaron, cada uno pagó el cincuenta por ciento.

No pudo evitar que aquella situación le generase una sensación desagradable, y el comentario de Howard le resultó muy vulgar. Además, a ella lo cierto es que la cuenta de la cena no le había parecido tan cara, ya que se trataba de un hotel de cinco estrellas y en una zona muy turística. De todas formas, intentó no darle demasiada importancia a esta anécdota, pues no quería estropear su incipiente historia de amor con Howard.

Sin saberlo, esa sería la primera vez de muchas otras que vendrían con el tiempo, y que Maissa intentaba tapar, pero eso no traería nada bueno a la larga.

Al día siguiente recorrieron la ciudad, visitaron varios lugares emblemáticos, a ratos caminando y a ratos en taxi. A media tarde decidieron regresar al hotel a descansar. Maissa se cambió y se puso un camisón corto de tirantes. Hacía calor, el clima era húmedo y bochornoso, y ese tipo de clima la dejaba muy cansada. Howard también se puso cómodo y se tumbó en la cama.

Empezaron a hablar de su relación y de lo que estaba sucediendo entre ellos, pues los días iban pasando y solo cabían tres escenarios posibles: dejar que aquel viaje quedase como un *affaire*; seguir siendo amigos sin más, o elegir la opción más difícil, que era mantener una relación a distancia. Los dos sabían que no sería fácil, les separaban miles de kilómetros, además de una importante diferencia horaria. A pesar de todo ello, decidieron avanzar en su relación.

Al día siguiente decidieron contratar un guía, que los llevó en coche por varios de los rincones que habían quedado pendientes. Fue una magnífica forma para poder llevarse una idea general de la ciudad.

El tiempo iba pasando, y si bien Maissa y Howard disfrutaban de todo, también la proximidad del fin del viaje empezó a rondar en sus mentes. Sabían que pronto se tendrían que separar y que cada uno seguiría con su vida en distintos continentes.

Después de muchos ratos hablando y dándole vueltas a la situación, acordaron que Maissa iría a visitarlo en sus vacaciones de Semana Santa, y así él le presentaría a su familia.

Al día siguiente acudieron a comer a un mítico e histórico restaurante de la ciudad. De noche, ya en su habitación, pasaron muchas horas hablando y haciendo planes. Lamentablemente, debido a su juventud, Maissa no era consciente en aquel entonces de que no sirve de mucho planificar tanto el futuro.

Apenas les quedaba un día para estar juntos y, básicamente, lo dedicaron a pasear. Por la tarde ayudó a Howard a preparar su equipaje, pues su vuelo salía casi un día antes que el de ella. El taxi que lo llevaría al aeropuerto vendría de madrugada a recogerlo, así que apuraron las horas que les quedaban charlando y haciéndose arrumacos. Pasaban de la alegría a la tristeza en segundos.

La hora se aproximaba. Maissa, tumbada en la cama, observaba cómo Howard se iba vistiendo y guardando algunos enseres personales de última hora en su maleta. De repente, sonó el teléfono de la habitación, el taxi estaba abajo esperándolo.

Cuando Howard la abrazó para despedirse y la besó, se le encogió el corazón, y una lágrima recorrió su rostro. Él se la secó en silencio con el dorso de la mano. Maissa no dijo nada más, oyó como se cerraba la puerta de la habitación. Permaneció con el corazón encogido en la cama durante unas horas más, y poco a poco se fue calmando.

A eso de las nueve y media fue al comedor donde había desayunado con él los últimos días. Esta vez lo hizo sola, sin su compañía. No era muy amiga de los desayunos *buffet*, siempre se levantaba sin hambre, pero cumplió con el ritual, tomó una taza de café y una tostada.

Sabía que disponía de bastante tiempo hasta la salida de su vuelo, así que con calma se puso a preparar su equipaje. Una vez que lo tuvo listo y estaba arreglada, llamó a recepción para que enviasen a un botones a recoger el equipaje.

Maissa bajó a recepción, cerró la cuenta y pidió que le guardasen el equipaje en consigna, pues su taxi para el aeropuerto no vendría hasta las seis de la tarde. Salió del hotel y empezó a caminar sin rumbo, se sentía extraña sin la presencia de Howard a su lado. Después de más de dos horas caminando, entró en un sitio y comió algo. A eso de las cuatro estaba de vuelta en el hotel, ya no sabía mucho qué hacer, se sentía fatigada. Se sentó en uno de los sofás del *hall* y pidió algo de beber, mientras leía una revista y hacía tiempo hasta que llegase el taxi.

Si bien se sentía muy triste por la partida de Howard, también tenía ganas de regresar a su casa. Todo aquello había estado muy bien, una gran experiencia, pero Maissa sentía ganas de regresar a su mundo.

Finalmente, a eso de las seis, apareció un taxista preguntando por ella en la recepción. Maissa entregó la ficha que le habían dado por la mañana y un botones sacó su equipaje y lo cargó en el taxi.

El aeropuerto no estaba lejos, fue un trayecto bastante rápido. Tampoco estaba muy lleno, así que facturó el equipaje y pasó los distintos controles bastante rápido. Pasó a la sala de embarque, que poco a poco se fue llenando de gente. Un rato después, ya estaba sentada en el avión con sus cosas ya acomodadas. Esta vez el avión de vuelta tampoco iba lleno, así que pudo disfrutar de dos asientos para ella sola.

El avión despegó y cuando cogió la altura adecuada, empezaron a servir la cena. Maissa se tomó un par de copas de vino y una pastilla para dormir; siempre hacía este mismo ritual cuando tenía un viaje largo por delante. Estaba cansada, después de haber pasado el día caminando y la noche anterior casi en vela a causa de la partida de Howard. Permaneció varias horas semidormida, y cuando despertó ya era de día y estaban próximos a Europa.

Anunciaron el servicio de desayuno. Después fue al baño e intentó arreglarse lo mejor posible, aunque las horas de vuelo hacían mella.

El avión aterrizó en Madrid. Maissa recogió su equipaje, cambió de terminal y al cabo de un rato estaba de nuevo sentada en una sala de embarque, rumbo a casa.

Por fin llegó, había sido un viaje largo. Cuando encendió el móvil comprobó que tenía varios mensajes de Howard.

Nada más llegar a casa, a pesar del cansancio, Maissa decidió ponerse a deshacer las maletas, se tomó una larguísima ducha con agua muy caliente, intentando deshacerse de todas las contracturas musculares, vio algo de televisión y, finalmente, se fue a la cama.

Pensó: «Mi cama, por fin». El excesivo cansancio hizo que le costara conciliar el sueño.

10

Cuando Maissa despertó era casi mediodía. Encendió el móvil, que en aquella época solo servía para llamar y enviar o recibir mensajes, y ella, como algo muy excepcional, contaba con un servicio de mensajes de voz. El servicio consistía en que se dictaba un mensaje hablado y una máquina replicaba por escrito ese mismo mensaje al destinatario.

Vio que tenía algunos mensajes de Howard y otros tantos de las pocas personas que sabían que había estado de viaje. Dada su situación de recién divorciada, no quiso hablar demasiado de este viaje, pues temía que mucha gente de su círculo cercano no entendiese el momento que estaba atravesando.

A la primera persona que llamó por teléfono al poco de levantarse fue a una de sus amigas más cercanas en aquel momento, Ana. Hablaron un buen rato y finalmente, como era festivo, decidieron verse para comer. Quedaron en un bar restaurante al que iban a menudo. También se apuntó otra amiga más, que conocía bien la situación de Maissa.

Estaban las tres en la barra de pie, iban ya por la segunda ronda de vinos. Maissa empezó a dar detalles sobre su viaje, mientras sus amigas la escuchaban atentamente.

—Al menos te vemos feliz —le dijeron.

Era cierto, aunque Maissa era consciente de que su relación con Howard estaba llena de incertidumbre.

A eso de las seis, después de una animada sobremesa en compañía de sus amigas, Maissa regresó a casa. Aún arrastraba los efectos del *jet lag,* pero sobre todo quería llamar a Neda. Cuando llegó, se cambió de ropa y se puso cómoda, cogió el teléfono y la llamó. Se explayó bastante con ella, pero era imposible contarle todo lo que había vivido con Howard durante el viaje, así que quedaron en verse en cuanto Neda pudiera.

Un rato más tarde, Maissa recibió una llamada de Howard. Fue una llamada inesperada, hablaron durante un buen rato, y la puso de buen humor.

Apenas volvió a hablar con nadie más sobre el viaje que acababa de hacer con Howard, no le apetecía que algunas personas que frecuentaban a su ya exmarido supiesen tantos detalles sobre su vida, pues ya había quedado claro que la amistad que Maissa tenía con su pandilla de juventud no era tan profunda. Había bonitos recuerdos, algunas vivencias, pero en esta etapa Maissa había tomado otro camino que ya no encajaba mucho con todo aquello.

Al día siguiente volvió a sus quehaceres, tenía pendientes algunos asuntos relativos a su nueva etapa en Francia y algunas cosas cotidianas que habían quedado en el aire a causa de su viaje.

La vida de Maissa siempre fue peculiar porque las circunstancias que la rodeaban habían sido peculiares desde su nacimiento.

Se acercaba Navidad. Ella no tenía una rutina para estas fechas como le ocurre a mucha gente, que siempre suele cenar y comer con las mismas personas. Aquel año decidió pasar la Navidad en Madrid, en la que era la casa familiar. Su padre organizaba una cena con varios amigos y los hijos de estos, a quienes Maissa conocía bastante bien. Lo que más la animó a ir era que a esa cena asistía Alicia, una buena amiga suya.

No lo pensó dos veces, intentó sacar un billete de avión, pero a esas alturas era ya misión imposible, así que finalmente se fue a Madrid en autobús. Sería un viaje relámpago, de apenas tres días, pues después debía regresar a su casa para preparar todo para iniciar su nueva etapa en Toulouse.

La Navidad llegó en un suspiro, casi sin pensarlo. Maissa iba sentada en el asiento del autobús, camino de Madrid, pensando en muchas cosas a la vez: Howard, su nueva vida en Francia y, sobre todo, cómo le iba a plantear a su padre que había iniciado una nueva relación un mes y medio después de haberse divorciado.

Cuando por fin llegó a casa de su padre, todo seguía como siempre. La señora de servicio revoloteaba de un sitio para otro, y Lara, su hermana, que había venido de Suiza a pasar esas fechas, estaba compañada de un grupo de amigos en la sala de estar.

Maissa quería quitarse de encima cuanto antes el asunto de tener que hablar con su padre sobre su relación con Howard, y así lo hizo. A la menor oportunidad que tuvo se sentó con él en el salón y le contó lo que estaba pasando en su vida. Su padre le fue muy claro:

—No me gusta esta persona para ti, y aún menos sus circunstancias, pero ya eres mayorcita.

En cierta forma, le molestó que fuese tan prejuicioso con su relación con Howard, pero también había una parte de ella que lo entendía, pues a fin de cuentas su padre no lo conocía en persona.

Por si fuera poco, Lara también vino contando que tenía una relación con un chico de su universidad en Ginebra.

Al día siguiente, el 24 de diciembre, el ajetreo se sintió en la cocina desde primeras horas de la mañana, estaban preparando todo para la cena de Nochebuena. Ese día a mediodía no solían servir comida, por estar con los preparativos de la cena.

A las nueve y media de la noche sonó el timbre de la puerta principal. Eran los invitados a la cena, los amigos de su padre y, entre ellos, Alicia, que le dio un cálido abrazo a Maissa, pues llevaban tiempo sin verse. Tenían mucho que contarse.

Primero sirvieron el aperitivo en el salón, luego pasaron al comedor, donde se servía la cena. Como siempre, esta se compuso de varios entrantes y dos segundos. Según iba avanzando la velada, todos se iban animando y Maissa estaba inmersa en una charla imparable con Alicia.

Después regresaron al salón, donde empezaron a servir copas y digestivos. La velada se prolongó hasta altas horas de la madrugada. Para Maissa había sido una Nochebuena amena. Nunca hubiera imaginado que esa sería la última Navidad que pasaría en casa de su padre.

El 25 de diciembre también se celebraba con comida. Esa celebración a Maissa siempre le resultó un poco pesada, eran dos comidas fuertes demasiado seguidas. Ese día la comida de Navidad pasó sin pena ni gloria, ya que todos estaban demasiado cansados de la noche anterior.

Al final de la tarde, ya más descansada, Maissa estuvo un buen rato charlando con su padre, mientras él tomaba su *whisky* de costumbre. Estuvieron charlando sobre la nueva etapa que ella iba a iniciar en Francia. Su padre veía con buenos ojos que se alejase por un tiempo y cambiase de aires.

Un rato después subió a la que había sido su habitación de soltera y aprovechó para llamar a Howard. Estuvieron un buen rato hablando por teléfono. A pesar de los miles de kilómetros que los separaban, cada uno sabía los pasos del otro.

11

Siempre que iba a pasar unos días a casa de su padre, Maissa se sentía muy bien tratada; sin embargo, anhelaba volver a su espacio, a su casa, donde se sentía cómoda, libre, a su aire, y no tenía que estar pendiente de nadie. Y, además, tenía mucho trabajo por delante. Tenía que preparar el equipaje para marcharse a Toulouse, y no era poca cosa, pues tenía previsto pasar allí seis meses. Además, quería dejar su casa en orden y faltaba poco para la fiesta de Fin de Año.

Al día siguiente, de regreso de Madrid, empezó a preparar su equipaje, a la vez que iba ordenando su casa. Por la tarde había quedado para despedirse de algunos de sus amigos. Los dos días siguientes siguió con sus preparativos y haciendo recados.

El 31 tenía previsto ir a una fiesta que celebraba un grupo de amigos suyos. Ese día, a mediodía, ya tenía todo su equipaje listo, así que pudo pasar la tarde descansando. A eso de las ocho se duchó, se arregló con mucho esmero —con un traje de terciopelo—, se maquilló, se peinó y, a eso de las nueve y media, acudió a cenar a casa de unos amigos muy queridos que la habían invitado esa noche. Después de las campanadas y de haber brindado por el nuevo año, acudió a la fiesta que celebraban sus amigos.

Maissa siempre había acudido a esta fiesta en compañía de su exmarido, pero este año era distinto, iba sola. Estaba dispuesta a pasarlo bien, pero según fue avanzando la noche empezó a sentir que tal vez aquel ya no era su lugar: demasiadas parejas juntas, algunos recién casados y otros con preparativos de boda. Maissa atravesaba una etapa distinta; además, casi nadie de ese grupo sabía de su relación con Howard.

Aun así, Maissa aguantó bastante, hasta pasadas las cinco de la madrugada. A esa hora ya estaba muy cansada y decidió pedir un taxi y marcharse a casa. Después de un buen rato esperando, llegó el taxi y se marchó. La mayoría de los invitados a la fiesta seguían dentro del local bailando.

Cuando llegó a casa, se desvistió, se puso un camisón corto de tirantes y justo cuando se tumbó en la cama sonó el teléfono de la mesilla de noche. Era Howard para felicitarle el nuevo año, pues por la diferencia de hora, para él, la noche acababa de empezar. Hablaron un rato. Howard estaba a punto de irse a una fiesta y ella solo soñaba con poder dormir unas horas.

Al día siguiente, cuando se despertó eran casi las tres de la tarde. Estaba cansada y tenía algo de resaca. Se levantó, se aseó y comió algo, lo poco que le entró en el estómago, y después se tumbó en el sofá. Entonces pensó: «Menos mal que tengo todo el equipaje listo».

Pasó la tarde en el sofá dormitando a ratos, viendo algo de televisión, y poco a poco fue notando cómo su cuerpo se iba recuperando. Al final de la tarde, ya más descansada, se ocupó de algunos detalles que faltaban para el viaje. Poco después de medianoche se fue a la cama, no podía parar de pensar en cómo sería su nueva vida. Al día siguiente, por la tarde, cogería el avión a Madrid.

Cuando se levantó por la mañana fue recogiendo la casa, no sin cierta pena. Tenía el corazón dividido, por un lado, tenía muchas ganas de un cambio, pero a la vez dejaba atrás su casa y una confortable vida.

Antes de salir hacia el aeropuerto, hizo una última llamada desde el teléfono fijo de su casa a una íntima amiga suya para despedirse.

Llegó con tiempo al aeropuerto, consiguió facturar rápido a pesar de que llevaba varios bultos. El vuelo a Madrid fue corto, duró una hora más o menos. Al llegar, recogió el equipaje y tomó un taxi. Ya en casa de su padre, dejó casi todo el equipaje en una esquina del salón, donde apenas podía verse, ya que solo iba a pasar allí unas horas hasta la salida de su vuelo a Toulouse al día siguiente.

Después subió a su cuarto y sacó lo justo para pasar esa noche: camisón, bata, zapatillas, la bolsa de aseo y la ropa para el día siguiente. Al rato llegó su padre, que venía de alguna reunión de trabajo. Charlaron un poco.

—Vamos a cenar algo por ahí, que tú mañana tienes que madrugar mucho —le sugirió.

Salieron de casa, cogieron el coche y fueron a cenar a un restaurante italiano, no muy lejos. Maissa y su padre tuvieron una amena charla. Ella estaba algo ansiosa por su viaje. Cuando regresaron a casa después de cenar, ella llamó a un servicio de taxi y pidió un coche para las cinco y media de la mañana.

Maissa se despidió de todos antes de acostarse, pues sabía que a la hora que tenía previsto marcharse estarían todos durmiendo.

Una vez en su cuarto, se quitó la ropa, se puso el camisón y se metió en la cama con pocas ganas, era demasiado temprano. Intentó dormir, pero era difícil, faltaban pocas horas para la salida de su vuelo y temía quedarse dormida.

Durmió a ratos, se despertaba, se dormía y así varias veces hasta que llegó la hora. Se levantó antes de que sonase el despertador. Fue al baño, se aseó, se vistió y, como le sobraba algo de tiempo, aún le alcanzó para maquillarse.

Todo estaba en silencio, solo una pequeña lámpara del *hall* permanecía encendida. Entró al salón y sacó todo el equipaje que la tarde anterior había dejado acumulado en ese lugar. Salió a la calle y vio que el taxi ya la estaba esperando. El taxista amablemente se hizo cargo del equipaje.

Una extraña sensación la invadía, emoción, curiosidad, nerviosismo y, cómo no, una cierta cuota de soledad, que era un sentimiento que la acompañaba siempre. Era difícil de explicar. Se acomodó en el asiento trasero y le pidió al taxista que la llevase al aeropuerto.

Aunque el trayecto era largo, no duró mucho, pues a esa hora apenas había tráfico. Maissa iba muy envuelta en sus pensamientos. A su llegada al aeropuerto se hizo con un carrito, y entre el taxista y ella colocaron todo el equipaje, iba bastante cargada. Se dirigió al mostrador que figuraba en las pantallas del aeropuerto. No había cola, era demasiado temprano, así que pudo facturar el equipaje y pagar el exceso de peso que llevaba fácilmente. Finalmente le fue entregada la tarjeta de embarque. Solo se quedó con su bolso y el ordenador portátil, que en aquella época aún eran bastante voluminosos y pesados, a pesar de ser portátiles.

Una vez que pasó todos los controles, acudió a una cafetería, pidió un café y estuvo tentada a coger algo de comer, pero a esas horas no tenía hambre. El madrugón y la mala noche la habían dejado muy cansada.

Estando en la sala de embarque, aprovechó para enviarle un último mensaje a Howard antes de dejar España.

El vuelo fue breve, algo menos de dos horas. Aun así, sirvieron algo de desayuno. Maissa no tenía ni gota de hambre, solo tomó otro café.

12

El avión tomó tierra en el aeropuerto de Toulouse Blagnac a la hora prevista. No era un aeropuerto grande, todo fue ágil, tanto el desembarque como la recogida del equipaje.

Maissa salió de la terminal y un aire gélido le golpeó la cara, lo que sirvió para que se despejase y el cansancio quedase atrás. Se puso en alerta, se trataba de un sitio nuevo y desconocido para ella. Tomó un taxi con todo su equipaje y se dirigió al Hotel Ours Blanc, donde había reservado una habitación por una semana, hasta que consiguiese un apartamento. Era un hotel correcto, no lujoso, pero estaba bien situado, que era lo que necesitaba en ese momento. Así podría buscar un apartamento céntrico donde vivir los próximos meses.

Maissa llegó al hotel, se registró en recepción y subió a su habitación. Solo deshizo una de las maletas, sacó lo necesario para seis o siete días. El resto del equipaje quedó amontonado en un rincón de la habitación; por suerte, había espacio. Bajó a recepción y pidió un plano de la ciudad. Aunque no era muy buena interpretando planos, tendría que arreglárselas y, si no, siempre quedaba la opción de preguntar a alguien.

Gentilmente, la señorita de recepción le dio un plano y con un rotulador le señaló dónde estaba situado el hotel.

Maissa salió del hotel, quería ir a ver dónde estaba situada la Alianza Francesa, que en aquella época estaba en un edificio de la Place du Capitole, en pleno centro de la ciudad, apenas a unos trescientos metros de su hotel. Llegó al lugar con cierta facilidad, se presentó en secretaría y le dijeron que podría hacer la prueba de nivel antes de matricularse en ese mismo momento. Le pareció una magnífica idea, de ese modo quedaría libre para poder hacer todo lo que tenía pendiente.

La secretaria la acompañó a una sala, donde Maissa se sentó en un pupitre. Encima de la mesa se encontraba la prueba que debía hacer. La secretaria le dijo en francés:

—Te dejo sola, tienes cincuenta minutos para hacer la prueba. Cuando se acabe el tiempo regresaré.

Maissa se concentró lo mejor que pudo y fue pasando por varias pruebas: redacción, verbos, vocabulario, etc. Terminó unos minutos antes, así que aún tuvo tiempo de repasar lo que había hecho. A ella le importaba poco el nivel en el que la pusiesen, estaba interesada en perfeccionar y poder hablar bien el francés. Con la prueba ya hecha sintió alivio, formalizó los documentos y quedó matriculada en la Alianza Francesa. Las clases empezaban en cinco días, así que le quedaba algo de tiempo para buscar un apartamento donde vivir los próximos meses.

Acudió a varias agencias inmobiliarias. El sistema era muy peculiar, el que buscaba apartamento le pagaba una tarifa fija a la agencia y esta entregaba una lista con los datos de los propietarios: dirección, nombres, teléfonos, características de los inmuebles… Después de visitar tres agencias y ver que todas tenían el mismo sistema, Maissa ya no visitó ninguna más. Se sentó en un café, pidió una copa de vino tinto y se puso a evaluar cuál de las tres agencias le parecía más conveniente.

Al día siguiente se levantó y salió pronto del hotel en dirección a la agencia con la cual había decidido buscar el apartamento.

Una vez allí, la señorita que la había atendido el día anterior le preguntó las características del apartamento que estaba buscando y las fue introduciendo en el ordenador. Al poco empezaron a salir papeles por la impresora, era el listado de los apartamentos que cumplían los requisitos que Maissa había pedido. La señorita de la inmobiliaria le entregó la lista y Maissa le pagó por sus servicios.

Regresó al hotel para empezar a hacer llamadas. Se sentó en un sillón que había, descolgó el auricular del teléfono y se puso manos a la obra. Para ella, el punto más importante era que estuviese céntrico; el resto era secundario. Ese mismo día consiguió visitar cinco apartamentos, pero sin resultado. Volvió a repasar la lista, y se percató de uno al que no había llamado, que estaba muy céntrico, muy próximo a Place Wilson, uno de los puntos neurálgicos de Toulouse, y además quedaba muy próximo a la Alianza Francesa. Llamó y concertó una cita con la persona que habló, por su voz parecía un hombre de avanzada edad. Quedaron para el día siguiente por la tarde.

Cuál sería la sorpresa de Maissa que cuando llegó a la dirección indicada, se encontró con otras cuatro personas esperando frente a la entrada del edificio. Se quedó un poco perpleja, y les preguntó si venían a ver el apartamento. Todos contestaron que sí. Maissa ya no sabía qué pensar. A los cinco minutos llegó una pareja, eran los propietarios del apartamento. Les informaron que irían subiendo con cada uno de los interesados por separado, después ellos decidirían a quién alquilarían el apartamento.

Finalmente llegó el turno de Maissa y subió acompañada del propietario y su esposa a ver el apartamento. Estaba situado en un quinto piso y tenía vistas a la calle. Era muy pequeño, algo menos de treinta metros cuadrados; eso sí, tenía baño con bañera y bidé. Con el tiempo vino a enterarse de que tener una bañera en un apartamento de ese tamaño en Francia era un lujo.

Maissa no era una mujer a la que las cosas le saliesen con facilidad, pero en esta ocasión la suerte estuvo de su parte. Los propietarios le ofrecieron el apartamento a ella. Sin pensarlo, aceptó. Le urgía tener un sitio donde vivir, pues su curso estaba a punto de empezar y ya no le quedaban muchas noches de hotel.

El dueño sacó el contrato de una carpeta, era un contrato tipo, y allí mismo lo rellenaron con los datos de cada uno. Maissa le extendió un cheque y el propietario le entregó el juego de llaves.

El apartamento era un rectángulo grande. En una esquina estaban los armarios y, dentro de uno de ellos, había una cocina con un fogón eléctrico, un fregadero y, en la parte baja del fogón, una nevera, que más bien se parecía al minibar de un hotel por su tamaño. El armario se podía cerrar y la cocina desaparecía, lo cual era un alivio para ella, ya que aquello le resultaba muy antiestético.

Una vez cerrada la cocina quedaba un rectángulo amplio, enmoquetado, donde había una litera y una mesa de estudio con su silla, que estaba pegada un gran ventanal que daba a la calle. Próxima a donde se situaba el armario de la cocina había una pequeña mesa con dos sillas que hacían la función de comedor. Aparte estaba el gran baño, que se volvería motivo de anécdotas y risas entre los amigos y compañeros de Maissa.

El alquiler del apartamento era caro. No estaba bien decorado ni bien equipado, faltaba de todo, pero la ubicación era inmejorable. Y eso le permitía hacer su vida a pie, como a ella le gustaba. Estaba en pleno centro rodeada de bares, restaurantes y tiendas, y justo en el centro histórico de Toulouse.

Esa noche Maissa sintió cierto alivio, su vida en Toulouse iba tomando forma. Regresó al hotel y empezó a trasladar sus cosas al apartamento, que por suerte estaba relativamente cerca, ya que tuvo que hacer varios viajes. Un rato más tarde, ya de noche, se sentó en un bistró a cenar algo. Luego regresó al hotel y se tumbó en la cama. Mirando al vacío, empezó a pensar en todos los pasos que estaba dando para poder volver a empezar de nuevo.

Después de un rato vagando por su mente, se levantó. Se sentó en el pequeño escritorio que había en la habitación y empezó a hacer una lista con todas las cosas que necesitaba comprar para vivir en el apartamento que acababa de alquilar.

Al día siguiente, se levantó algo más descansada, ya no tenía la preocupación de buscar casa. Se aseó, se vistió y tranquilamente fue caminando hasta unos grandes almacenes. Empezó comprando ropa de casa, como sábanas, toallas, edredones o almohadas, y también adquirió algo de menaje, lo mínimo e imprescindible. Aun así, eran muchas cosas y se vio obligada a llevarlo en dos viajes. Por último, acudió al supermercado, donde adquirió algunos comestibles y productos de aseo.

El apartamento estaba repleto de bolsas, maletas y bultos. Empezó por colocar la compra en la pequeña nevera, luego siguió con su ropa, lo que le llevó mucho más tiempo, pues eran varias maletas y había que calcular bien cómo colocar todo en el poco espacio que tenía. Al final del día estaba todo listo. Sin embargo, Maissa decidió quedarse una noche más en el hotel y mudarse definitivamente al día siguiente.

Esa noche durmió a pierna suelta como pocas veces. La casa estaba lista; sus pertenencias, colocadas, y el papeleo de la matrícula, en orden. Parecía que todo estaba en orden para comenzar esa nueva etapa en la que había puesto tantas expectativas.

Por la mañana, cuando se levantó, se aseó y se vistió, y recogió las pocas cosas que le quedaban en la habitación del hotel. Bajó a recepción, con su bolso y una pequeña maleta de mano, y cerró la cuenta.

Salió caminando en dirección al apartamento, a la que sería su casa durante los próximos seis meses. Subió, dejó la pequeña maleta que llevaba y volvió a salir, esta vez con la intención de pasear y conocer mejor la ciudad. Por suerte, ya no quedaban recados pendientes. Según fue dando vueltas y paseando por las distintas calles, la ciudad le gustaba cada vez más. Al final de la tarde regresó, pero nunca lograría sentir ese apartamento como su casa. Maissa tenía claro que esta etapa era un tránsito hacia otro lugar, pero no sabía aún hacia dónde.

Había experimentado demasiadas veces esa sensación de temporalidad, y no le resultaba especialmente cómoda. Aun así, intentó alejar lo más que pudo ese pensamiento de su cabeza, hasta que al final se quedó dormida.

13

Maissa se despertó antes de que sonase el despertador, era su primer día de clase en la Alianza Francesa. Se duchó, se vistió y se maquilló. Aún le sobraba tiempo, así que decidió parar a tomar un café en una pequeña panadería que servía desayunos enfrente de su apartamento.

Salió en dirección a la Place du Capitole. El aire era gélido, le cortaba la cara, hacía frío. Cuando llegó a la Alianza Francesa, subió las escaleras y llegó a un enorme *hall* que hacía la función de sala de reuniones. Había bastante gente, rápidamente vio a la secretaria que días atrás le hizo la prueba de nivel, y se acercó a ella. Se saludaron y esta le indicó cuál era su clase.

Maissa se quedó sorprendida al ver que la media de edad de la gente de su clase —era un grupo mezclado— iba desde los veinticinco años hasta pasados los cuarenta. Respiró aliviada, ya que no le hubiese gustado nada caer en una clase llena de adolescentes, no habría estado cómoda.

A media mañana había un receso de veinte minutos, y Maissa empezó a hablar con algunos compañeros y compañeras. Las primeras fueron Ann y Kate, ambas norteamericanas y algo mayores que ella. La conversación fluyó rápidamente, aunque pronto acabaron hablando en inglés. Ambas estaban solas en Toulouse, al igual que Maissa, y fueron sus primeras amistades en la ciudad. Encajaron rápido, Maissa conocía bien la mentalidad americana, hablaba inglés y había vivido en Estados Unidos un tiempo con una familia norteamericana.

Se encontró a gusto con Ann y Kate, esa misma tarde decidieron quedar a tomar algo. Ann llevaba algo más de tiempo en Toulouse y parecía conocer unos cuantos lugares. Esa tarde, para hacerlo fácil para las tres, decidieron quedar en la puerta de la misma Alianza Francesa y luego ya pensarían dónde ir.

Cuando terminó la clase eran ya las doce y media, hora de comer en Francia, así que Maissa se dirigió a un sitio próximo y compró una *baguette* para comer. No tenía mucho tiempo, antes de quedar con sus nuevas amigas tenía que comprarse un móvil francés, ya que era la única forma de seguir manteniendo una comunicación fluida con Howard. Los últimos días, entre lo atareada que había estado y al no disponer de un móvil adecuado, no se habían comunicado tanto como les hubiese gustado. Lo hicieron como pudieron, algunas veces Maissa lo llamó, y también le había escrito algunos correos desde un locutorio, y Howard la había llamado alguna vez a su móvil español o alguna vez al hotel donde se alojaba, pero si querían mantener la relación viva era necesario que Maissa tuviera un móvil local, y para ella misma también sería de gran ayuda, pues el apartamento no tenía teléfono.

Finalmente, adquirió un móvil modesto, bastante básico, suficiente para hacer llamadas, enviar y recibir mensajes, pues, aunque parezca extraño, en aquellos años ni había WhatsApp ni los móviles permitían enviar y recibir *emails*. La comunicación era muy diferente.

A la hora acordada, Maissa acudió a la Place du Capitole, donde había quedado con Ann y Kate. Acabaron en un antiguo café, situado en la misma plaza, bebiendo unos vinos. Lo pasaron bien. Maissa regresó a casa de buen humor, sentía que las cosas fluían y estaba a gusto.

Por la noche llamó a Howard a su trabajo y hablaron un buen rato. La diferencia horaria ayudaba para eso, pues Maissa podía llamarlo de noche, ya que para él era por la tarde, y así podía contarle cómo le había ido el día.

Durante la primera semana Maissa fue conociendo a más gente de su clase. Además, la Alianza Francesa organizaba actividades fuera del horario de clase para sus alumnos, y con el fin de entretenerse y conocer gente, ella se apuntaba a todo lo que le resultaba interesante: catas de queso y vino en la propia escuela, visitas guiadas por la ciudad, noches de cocina internacional donde cada alumno llevaba un plato típico de su país… El hecho de participar en esas actividades le brindó la oportunidad de conocer a gente de otros cursos distintos al suyo. Maissa atravesaba un momento dulce, estaba cómoda y disfrutaba de su nueva vida.

A la semana siguiente llegó a clase una chica nueva. Era alta, delgada, tenía unos rasgos muy peculiares, resultaba muy atractiva. Se llamaba Sharon, y sin saberlo se volvería su compañera inseparable de Maissa durante su estancia en Toulouse.

Maissa y Sharon empezaron a hablar, y por su acento se podía intuir que era holandesa, aunque por sus rasgos se notaba que tenía otros orígenes. Su padre era holandés, y su madre, indonesia. Sharon no vino como otros estudiantes por un mes o dos, tenía casa y coche en Toulouse. Venía con el objetivo de perfeccionar el francés, al igual que Maissa, así que tenía previsto pasar una larga temporada en la ciudad.

Al principio empezaron a salir en grupo Ann, Kate, Sharon y Maissa, las cuatro, pero eso fue por poco tiempo, pues Kate solo pasó un mes en Toulouse.

Sharon y Maissa compartían muchas cosas en común, tenían aproximadamente la misma edad. Sharon era hija de un matrimonio mixto, al igual que Maissa, pues su padre era árabe, y su madre, italiana. Todos esos puntos en común y el hecho de que ambas estuviesen solas en la ciudad las llevaron a entablar una estrecha amistad. Además de todas esas similitudes, a las dos les encantaba salir y, sobre todo, les llamaba la atención el mundo del vino, así que muchos domingos los pasaban visitando *chateaux* de la zona Midi-Pyrénées. Disfrutaban conociendo nuevos lugares, comiendo y bebiendo buen vino francés.

Mientras, Maissa iba llevando su relación con Howard. Ella había quedado en ir a visitarlo a su país a mitad de curso, que tenía unos días de vacaciones. Howard le insistía continuamente en lo importante que era para él que ella conociese su mundo, su manera de vivir, a lo cual Maissa no podía negarse. Además, se moría de ganas de volver a estar con Howard y tampoco iba a desaprovechar la oportunidad de conocer otros lugares.

Sharon conocía bien Toulouse, se volvió casi su guía particular, llevaba a Maissa a bares, cafés, restaurantes, discotecas… Con frecuencia comían juntas, pues a Maissa no le resultaba muy apetecible almorzar a solas en su pequeño apartamento. Hubo un par de creperías de las que se volvieron clientas habituales a la hora de comer.

Sharon tenía una personalidad muy especial. Era muy independiente, pero, a la vez, parecía necesitar la compañía de los demás, y Maissa se sentía muy identificada con ella. Buena parte del día Maissa lo pasaba en compañía de gente, pero algunas noches, cuando no quedaba con nadie o no tenía prevista alguna actividad en la Alianza Francesa, cenaba sola. En esas ocasiones prefería salir a cenar sola que quedarse en su apartamento.

Una noche que estaba sola y no tenía planes, Maissa decidió ir a cenar a un restaurante tradicional francés. Se peinó con su media melena suelta, se maquilló discretamente, resaltando sus ojos, y se puso un traje pantalón negro, una blusa granate de seda —con un buen escote— y unos buenos zapatos de tacón. Que estuviese sola no significaba que no pudiese arreglarse y sentirse mujer.

Entró en el restaurante, la recibió el *maître* y pidió mesa para uno. Al poco vino el camarero, tomó la orden y a continuación le trajo una copa de vino.

Justo en la mesa de enfrente había un hombre que estaba terminando de cenar y no dejaba de observarla. Al poco rato, cuando el hombre que la miraba fijamente terminó de cenar, pidió una copa de coñac. No dejaba de observarla, esperó a que ella terminase de cenar, se acercó a su mesa y se presentó.

Jean Louis era un hombre alto, atractivo, de pelo canoso, ojos claros. Vestía traje gris y corbata. Le preguntó a Maissa si podía sentarse, si podía invitarla a tomar una copa. Y esta aceptó. Lo primero que le dijo después de presentarse fue que su francés no era perfecto, pero que entendía todo.

Maissa y Jean Louis acabaron teniendo una muy buena conversación. Él fue directo desde el principio, al poco rato le dijo que le gustaría invitarla a pasar un fin de semana en Burdeos, la ciudad donde, según le explicó, tenía viñedos. Lo cierto es que todo aquello a Maissa le sonaba de maravilla, se sentía halagada y viva, pero no podía dejar de pensar en Howard.

Jean Louis fue bastante insistente, pero Maissa le fue muy clara, le explicó que tenía una relación con otro hombre a distancia. Sin embargo, eso a Jean Louis pareció no importarle mucho. Maissa se mantuvo firme en su postura. Aun así, él le dejó su tarjeta por si cambiaba de opinión.

A la mañana siguiente, cuando Maissa se vio con Sharon en clase, le contó su encuentro de la noche anterior. Su amiga le decía:

—¿Por qué desaprovechas una oportunidad así?

Por dentro Maissa pensaba igual que ella, pero no quería ser desleal a Howard, y Jean Louis tenía muchas cosas que le hacían muy atractivo a sus ojos, por lo que resultaría fácil caer en un *affaire* con él.

Durante los días siguientes, Maissa se dedicó a recorrer y conocer bien Toulouse y sus alrededores, pues en breve iba a comenzar con clases en la universidad por las tardes, además de las de la Alianza Francesa por las mañanas, y ya no dispondría de tanto tiempo libre. Consideraba muy necesario matricularse en la universidad porque daban clases específicas para extranjeros que preparaban los exámenes oficiales de lengua francesa. Y ella quería obtener esos títulos.

El tiempo empezó a pasar demasiado rápido: clases por la mañana, clases por la tarde, salidas nocturnas. Al principio Maissa temió que los fines de semana fuesen aburridos, pero se equivocó por completo. Ahora estaba Sharon, proponiéndole planes de todo tipo, como ir a visitar viñedos a pequeñas bodegas o salir a bailar, e incluso pasar algún fin de semana fuera de la ciudad. Para Maissa fue una gran sorpresa descubrir que Toulouse tenía una vida nocturna tan animada.

También tenía que ir pensando en comprar un billete para ir a visitar a Howard durante sus vacaciones, tal y como habían quedado. Por cosas de la vida, el billete encontró a Maissa. Un día, paseando por Toulouse, vio en el escaparate varios destinos a América del Sur y a Centroamérica, entre ellos estaba la ciudad en la que residía Howard. Viendo los precios, no se lo pensó mucho. Llamó a Howard, se pusieron de acuerdo en cuanto a las fechas y adquirió el billete. Maissa estaba contenta, volvería a verlo y a estar con él. Howard no había parado de hablar sobre cómo era su vida, tenía mucho interés en mostrárselo a ella.

Maissa, por su parte, ya conocía algunos países del continente americano, pero esta vez sería diferente, tendría un guía local y conocería a sus amigos y familiares.

Mientras llegaba la fecha de su siguiente viaje, siguió con sus clases en la Alianza y en la universidad, saliendo con sus compañeros, haciendo algunas escapadas de fin de semana. El tiempo pasó rápido y casi sin pensarlo llegó el momento de su ansiado reencuentro con Howard. Un par de días antes empezó a prepararlo todo, acudió a la peluquería, al salón de estética, empezó a preparar su equipaje. El día antes de viajar, por la tarde, lo tenía todo listo, como era habitual en ella, pues no le gustaba dejar las cosas para última hora.

14

Finalmente, llegó el día del viaje para su reencuentro con Howard. Maissa jamás olvidaría ese día, llevaba meses esperándolo. Era un jueves y debía levantarse a las cuatro y media de la madrugada, primero debía coger un avión que la llevaría a Madrid y, ya en Barajas, cogería otro vuelo hasta su destino final.

Le aterraba la idea de quedarse dormida, pero no fue así. Por suerte, a las cuatro y media allí estaba, duchándose, vistiéndose. Cuando estuvo lista llamó al taxi y bajó inmediatamente a la calle, pues sabía que no tardaría mucho en llegar, tal como sucedió. Subió al taxi y se fueron en dirección al aeropuerto. La distancia no era grande, así que llegó rápido.

No pudo facturar el equipaje directo, pues en Madrid debía cambiar de terminal y de aerolínea. La noche antes Howard le había dado un montón de indicaciones sobre los pasos que debía seguir a la llegada a su destino final. Casi la había conseguido poner nerviosa, pero no lo logró, pues ella, aunque era joven, había viajado mucho y a distintos lugares.

El vuelo salió pasadas las doce y media de la mañana, y se hizo muy largo, pues era un vuelo diurno. Maissa se entretuvo como pudo, con alguna película, unas revistas que había adquirido en una tienda del Dutty Free, el servicio de comida y merienda, hasta que al final el comandante anunció la aproximación al aeropuerto de destino. «Por fin», pensó Maissa.

Nada más bajar del avión, se percató de que se trataba de una terminal antigua y vieja. El aeropuerto estaba pendiente de una gran reforma, pero en aquel entonces estaba muy descuidado, viejo y era bastante caótico y bullicioso. Después de una larga cola y una lentitud tremenda por parte de las autoridades, logró pasar el control de pasaportes. En ese lado del mundo, el ritmo es mucho menos frenético que en Europa.

Ahora quedaba recoger su maleta. En la sala de recogida de equipajes no habría más de dos cintas, a Maissa le dio la sensación de haber retrocedido treinta años o más. Los carritos para llevar las maletas eran tan viejos y rudos que podrían formar parte de un decorado de la antigua Unión Soviética.

Las maletas tardaron un buen rato en empezar a salir por la cinta transportadora, fue lento, y finalmente apareció su maleta. Estaba por fin lista para su encuentro con Howard, o eso creía ella, pero resultó que aún faltaba un último paso: el control de aduanas. Por suerte, Maissa pasó el control sin más. Ahora su objetivo era localizar a Howard entre la multitud que se agolpaba a la salida.

Howard la llamó en voz alta de lejos, y eso calmó un poco el nerviosismo que sentía. Lo buscó con la mirada y se dirigió hacia él. La abrazó, pudo sentir su cuerpo presionado por el suyo.

Cuando salieron de la terminal del aeropuerto, una bocanada de aire muy húmedo les invadió por completo. Era una característica que acompañaba el ambiente, un alto porcentaje de humedad, y en especial cuando hacía calor.

El trayecto desde el aeropuerto a casa de Howard le pareció infinito. El tráfico era caótico, los coches cambiaban de carril sin control, las bocinas no dejaban de sonar. Era el tipo de caos circulatorio de algunos países no tan desarrollados.

Cuando llegaron a la casa donde se iban a alojar, la antigua vivienda familiar de los padres de él, Maissa solo soñaba con una ducha de agua caliente y cambiarse de ropa. Ni su cuerpo ni su cabeza daban para más. Estaba tan cansada que no lograba conciliar el sueño, prácticamente pasó la noche abrazada a Howard dejando vagar su mente, sin pensar en nada en concreto.

En ese lado del mundo amanece muy temprano y rápido apareció el sol. Justo cuando el día empezaba fue cuando Maissa pudo dormir algo. El cambio de hora, de clima, las emociones del reencuentro con Howard... Eran muchas cosas juntas.

Ese día Howard debía ir a trabajar; era su último día antes de las vacaciones que había pedido para poder pasar más tiempo con ella. Por tanto, se tuvo que levantar pronto, pero Maissa se quedó descansando hasta bien entrada la mañana. Después se levantó y terminó de deshacer la maleta.

Habían quedado en que a mediodía Howard iría a recogerla e irían a comer. La mañana pasó rápido, casi sin darse cuenta, y pronto vino a recogerla para salir a comer.

Maissa se sentía feliz. La comida fue algo breve, pues Howard debía volver al trabajo. Para que estuviese entretenida mientras él trabajaba, la dejó en un centro comercial bastante grande, para que pasase allí la tarde y él la recogería a la salida. A pesar de que se trataba del centro comercial más grande de la ciudad y lo habían inaugurado hacía no demasiado tiempo, era bastante simple, no había grandes marcas conocidas y los productos que las tiendas exhibían en sus escaparates parecían de otra época. Era un lugar muy falto de gusto y con poca oferta. Con los años este centro comercial sufrió grandes reformas y acabarían llegando las grandes marcas comerciales, pero eso fue muchos años después de la llegada de Maissa.

Quedaron en un punto y a una hora concretos, pues evidentemente Maissa no tenía móvil. Ella se entretuvo paseando por las diversas tiendas, hasta que llegó la hora acordada y se dirigió al sitio donde habían quedado. Howard llegó a la hora prevista y se fueron al cine y después a cenar. Esa noche Maissa pudo descansar algo más, el *jet lag* iba remitiendo.

Al día siguiente, despertaron tarde. Howard había insistido en organizar una comida y presentarle a sus padres. Ella no supo cómo negarse, no lo veía mal, pero tampoco lo consideraba necesario, pues su relación era muy reciente y, si de ella hubiera dependido, habría dejado este encuentro para más adelante.

Llegaron a un elegante piso, situado en uno de los distritos más exclusivos de la ciudad. Los padres de Howard la recibieron muy cordialmente, pero nunca diría que tuvieron un trato cálido con ella, pues eran personas bastante frías y distantes, al menos con ella. La madre no disimuló en absoluto y cuando vio a su hijo llegar acompañado de Maissa la revisó de arriba abajo, al igual que su padre, pero él fue capaz de disimular algo más que su esposa. Este insistió en que tomasen un aperitivo en su casa, antes de acudir al restaurante donde habían reservado. La conversación entre los cuatro fluía, pero se sentía muy protocolar y poco relajada.

El restaurante al que acudieron a comer, con el tiempo, se convertiría en uno de los restaurantes favoritos de Maissa. Ya sentados en la mesa pidieron otro aperitivo más. Parecía que el alcohol iba haciendo su efecto, y el ambiente se fue relajando, conversaron de distintos temas. Todo el mundo fue cordial y educado, pero no había calidez ni cariño en las palabras o en los gestos de la familia de Howard.

A pesar de sus esfuerzos, Maissa nunca lograría tener con ellos unos grandes lazos afectivos. Pusieron la barrera desde el primer día que la conocieron, en especial su madre.

Howard estaba ávido de enseñarle a Maissa su mundo, la vida que con tanto detalle le había descrito. Al día siguiente quería mostrarle su rutina, primero la llevó a su piso, el cual se suponía que debía haber estado listo para la llegada de Maissa, pero no fue así. Después la llevó al supermercado donde hacía habitualmente la compra, la lavandería donde llevaba sus trajes a limpiar. Howard le mostraba todo con mucha emoción, como un niño que enseña sus juguetes nuevos. Maissa pensaba en su interior: «Qué poco me convence todo esto, pero haré por acostumbrarme».

Howard era casi como un vendedor cuando intenta convencer al comprador de las bondades de su producto, pero por mucho que se esforzase, Maissa tenía su propia percepción de la realidad que la rodeaba en ese momento. La ciudad no le convencía en absoluto y la forma de vida tampoco, lo poco que había visto hasta el momento, le parecía muy poco atractiva. Maissa sentía que socialmente aquella gente vivía anclada en el pasado, intentó hablar de esto con Howard, pues él había vivido casi diez años en Estados Unidos mientras iba a la universidad, y después también trabajó allí, pero él prefirió hacer caso omiso y no escucharla. Haberla escuchado habría implicado destruir aquella vida tan idílica que, según Howard, llevaban los de su clase en su país. Era más práctico no escuchar, hacer oídos sordos.

Al día siguiente, Howard intentó enseñarle cosas más interesantes, quería mostrarle lo bueno e intentar ocultar lo malo. La llevó al club del que era socio, un club supuestamente elitista al borde del mar. A Maissa le gustó el sitio, con playa privada, piscinas, restaurantes y campo de golf; sin embargo, los vestuarios, los baños y algunas otras instalaciones dejaban mucho que desear. Aunque no llegaba a los treinta, Maissa había vivido mucho, y aquel club que tanto alababan solo le pareció un pequeño oasis para alejarse y aislarse del mundo que no querían reconocer que les rodeaba.

Durante los siguientes días, Maissa fue conociendo a algunos de los amigos y parientes de Howard. En esos días se fue percatando de que Howard no tenía muchos amigos, pero sobre todo empezó a darse cuenta de que no era una persona tan sociable como le había querido hacer creer.

Un día le propuso ir a conocer el centro histórico de la ciudad, pero a pesar de las buenas intenciones de Howard resultó un paseo poco agradable. Él estaba fuera de su lujoso distrito, tenía miedo de que los asaltasen y fue una visita rápida. A Maissa le pareció que lo hizo para cumplir, a ella le hubiese gustado pasearse por el casco histórico como una turista más. Entendía los temores e inseguridades de Howard, pero también pensaba que podrían haber ido en taxi, sin joyas, con poco dinero encima y haber conocido un poco más. Pero Howard solo quería mostrar la cara amable de su ciudad.

Los siguientes días pasaron rápido y llegó el momento de la despedida, que fue dura, pero ya tenían un plan trazado y habían quedado en que Maissa volvería a visitarlo tres meses más tarde.

15

Maissa regresó a su vida en Toulouse. Se sentía apenada por alejarse de la persona que quería, pero aliviada por volver al orden de su querida Europa. Regresó a sus clases, ahora debería dedicar más tiempo a los estudios que a la diversión, pues los exámenes oficiales estaban cerca. Los superó airosamente, después dedicó sus últimos días en Francia a recoger sus cosas, a devolver las llaves del apartamento en el que había vivido durante los últimos seis meses, pero sobre todo se dedicó a salir a despedirse de todos los amigos y compañeros que habían estado a su lado durante su estancia en la ciudad.

La experiencia en Francia había sido muy buena y regresó a España con sentimientos encontrados.

Permaneció en su casa un par de semanas, se reencontró con sus amigos, su gente, su hogar, pero sería por poco tiempo, ya que en unas semanas tenía previsto volver a reunirse con Howard.

Esos días en casa pasaron rápido, se le hicieron cortos. Maissa hubiera preferido poderse quedar más tiempo, pero ya tenía el billete para ir a visitar a Howard. En ese lado del mundo era invierno, y poco o muy poco le apetecía a ella padecer más invierno, pues los días de verano que pasó en España fueron contados.

Esta vez, cuando Maissa llegó, él ya tenía listo el piso que tiempo atrás estaba reformando, lo que fue un alivio, pues así vivirían los dos solos, dispondrían de más intimidad. En este segundo viaje Maissa fue conociendo más el entorno de Howard a través de sus propios ojos, pero aunque estaba segura de sus sentimientos hacia él, el ambiente que le rodeaba no le convencía en absoluto.

En esta ocasión también descubriría que la relación de Howard con sus padres era mucho más estrecha de lo que él había mostrado al principio, y que ejercían una gran influencia sobre él. A Maissa esto no le resultaba demasiado cómodo, ella ya había estado casada anteriormente y jamás permitió que sus padres, y aún menos sus suegros, estuviesen muy cerca de ella y que de alguna manera tuviesen injerencia en su vida. En este terreno, Maissa estaba en una etapa muy distinta que Howard, ella quería a sus padres y tenía una buena relación con ellos; sin embargo, en esta etapa estaba más centrada en consolidar su relación de pareja. En este viaje Maissa pudo sacar unas conclusiones mucho más claras de cómo era la vida de Howard.

Howard había querido tener un detalle con ella durante su estancia, y como sorpresa la había matriculado en unas clases de baile. Maissa se vio acorralada, no fue capaz de serle sincera, no quería herir sus sentimientos A ella no le interesaban en absoluto todos esos bailes de países cálidos. Según Howard, lo había hecho para que estuviese entretenida, pero sobre todo porque, según él, «los europeos eran duros para el baile». A Maissa le molestó profundamente, más bien le jodió que le organizasen la vida; además, las clases resultaron bastante tediosas.

De lunes a viernes Howard trabajaba. En alguna ocasión quedaban a la hora de comer, no muy a menudo, pues no disponía de mucho tiempo al mediodía. La realidad es que el tiempo que podían pasar juntos eran unas horas al final de su jornada laboral, a la hora de cenar, de lunes a viernes, además de los fines de semana.

En resumen, no disponían de tanto tiempo para estar juntos. Y los fines de semana, sin excepción, tenían que acudir a comer religiosamente a casa de sus padres, al menos uno de los dos días. Los almuerzos con sus padres eran largos, y cuando acababan casi era última hora de la tarde, así que el día se había esfumado.

Maissa sentía que no tenían tiempo para ellos y que los padres de Howard tenían un papel demasiado importante en su vida. Ella, por educación o por prudencia, no habló claro, pero si el primer fin de semana que esto sucedió hubiese dicho claramente que estaba encantada de ver a estos señores, pero que no tenía por qué dedicarles tanto tiempo, las cosas hubieran sido muy distintas, tal vez no los hubiesen visto tanto o incluso puede que Howard decidiese romper la relación con ella.

Maissa, en este segundo viaje, ya se movía sola por la ciudad, iba conociendo la realidad por su cuenta a través de sus propios ojos, y también tomó conciencia de la gran influencia de los padres de Howard sobre él. A ratos se sintió muy asfixiada.

Después de un mes y medio en el país de Howard, él pidió vacaciones en el trabajo y se fue con Maissa a Europa un mes aproximadamente. Hicieron un recorrido bastante extenso, primero por el norte de España, después por el sur y, finalmente, por Madrid.

Howard era como un niño con zapatos nuevos. A pesar de ser de clase alta, con treinta años no conocía casi nada de Europa, no había viajado tanto como él quería vender. Estaba obsesionado con hacer fotografías, buscaba la fotografía perfecta, pero en aquel entonces aún no existían las cámaras digitales y su obsesión por hacer fotos a todo aquello que veía los llevó a discutir bastante.

Durante ese viaje recorrieron unos siete mil kilómetros. Maissa quería darle gusto, pero acabó harta de tanto coche y de hacer y deshacer maletas. A ratos, más que un viaje de placer le dio la sensación de estar en un *tour* turístico con un grupo de japoneses. Ella estaba acostumbrada a un tipo de viaje muy distinto, no tanto recorrido en coche, sino a hoteles de lujo, a recorrer los sitios sin prisa… En definitiva, a vivir.

Finalmente, acabaron su viaje en Madrid, donde vivían los padres de Maissa. Esta última parte fue más sosegada. Luego llegó otra vez el momento de la despedida, acordaron que ella iría a visitarlo nuevamente en Navidad.

Cuando Howard se marchó, Maissa empezó un máster que duraba diez meses, y su idea era ir a visitarlo durante sus períodos de vacaciones. Ya a solas y habiéndose ido Howard, muy sutilmente el padre de Maissa le hizo saber a esta que la relación que mantenía con Howard no era en absoluto de su agrado, no lo veía adecuado para su hija y además le pareció un hombre muy inmaduro, muy pegado a sus progenitores todavía, algo que no le traería nada bueno.

Maissa y su padre tuvieron una sola conversación sobre este asunto, no se volvió a hablar del tema nunca más.

16

El máster trajo mucha gente nueva a la vida de Maissa, en su promoción había un buen porcentaje de extranjeros. Al poco de empezar fueron divididos en grupos de trabajo, y en el de Maissa eran casi todos españoles; eso sí, cada uno de distintos lugares de España. En los ratos de descanso Maissa acudía a la cafetería de la universidad y empezó a entablar relación con gente de otros grupos, sobre todo con una chica venezolana que vivía cerca de ella, eran de un perfil similar y estaba sola en Madrid. Surgió una buena amistad, y como las clases del máster tenían lugar por la tarde-noche, muchos días al acabar quedaban para salir en grupo a cenar o a tomar unas cañas por Madrid. La vida de Maissa se fue llenando de cosas y personas distintas, aparte de las clases.

Desde el principio, el director del máster le planteó a cada grupo que debía desarrollar un proyecto que duraría el tiempo que durase el máster. Así que muchos días, bien por la mañana o bien por la tarde, Maissa quedaba con su grupo de trabajo para ir desarrollando el proyecto.

Diciembre llegó en un suspiro. Maissa hacía tiempo que ya le había advertido al director de su máster que se tomaría una semana más de vacaciones en Navidad para ir a visitar a su novio, ya que, por la distancia, dos semanas resultaban un poco escasas.

Así que un sábado de mediados de diciembre, Maissa volvió a coger el avión para ir a visitar a Howard. A pesar de que había sacado el billete con tiempo, no consiguió un vuelo directo, así que tuvo que hacer escala. Fue un viaje muy largo, duró más de veinticuatro horas, y también fue accidentado, pues sus maletas se quedaron en uno de los aeropuertos donde hizo escala.

Cuando llegó a su destino final, aunque estaba loca por ver a Howard, llegó muy cansada, el viaje había sido largo, muy largo, y el estrés que le causó no tener sus maletas a la llegada aún la dejó más agotada. Probablemente, Howard no fuese muy consciente de los esfuerzos que Maissa tenía que hacer para pasar tiempo junto a él: pesados y largos viajes en avión y cuantiosas sumas de dinero en billetes.

Los dos días siguientes Maissa los pasó haciendo llamadas a las aerolíneas para poder recuperar su equipaje. Las maletas, además de venir cargadas con su ropa, iban llenas de obsequios de Navidad y algunos encargos de Howard. Finalmente, y tras mucho insistir y hablar con distintas personas, consiguió saber que casi tres días después las maletas habían llegado.

La recogida no sería simple. En Europa, cuando una maleta se extravía, la compañía la entrega en el domicilio o el hotel del pasajero. Allí no era así, había que acudir al aeropuerto en persona. Una vez que Maissa llegó, después de preguntar, le indicaron a dónde debía dirigirse. Las maletas estaban todas acumuladas de muy mala manera en una sala. Había un tipo a la entrada, a quien había que enseñarle el pasaporte, el billete y los resguardos del equipaje. Si todo le parecía correcto, se podía pasar a la sala.

Dentro de lo malo, Maissa tuvo suerte, pues aunque habían intentado forzar sus maletas y las cerraduras estaban manipuladas y llenas de arañazos, no lograron abrirlas. Hubo pasajeros cuyas maletas corrieron peor suerte, estaban abiertas y les habían robado parte de sus pertenencias.

Una vez que cogió sus maletas, un agente le hizo mostrar sus documentos para cerciorarse de que se trataba de su equipaje. Tenía un taxi contratado esperándola a la salida del aeropuerto. El taxista la ayudó a subir el equipaje en el maletero y la llevó a casa de Howard.

Fue un alivio, Maissa había estado muy tensa con este asunto. Hasta ese día se había tenido que arreglar como buenamente pudo, pues cuando salió de Madrid era invierno y había seis o siete grados centígrados, y en Sudamérica era pleno verano y había una temperatura que superaba los veinticinco grados.

Howard se iba todos los días a trabajar y ella aprovechaba para descansar, pasear o ir a algún centro comercial.

Esa Navidad iba a ser algo distinta para todos, pues el hermano mediano de Howard y su esposa estaban temporalmente viviendo en Europa y no tenían planes de ir a pasar la Navidad con el resto de la familia.

Poco a poco, Maissa empezó a descubrir las costumbres de la familia de Howard. El 24 de diciembre esperaban a medianoche para cenar, y el menú era una mezcla entre costumbres norteamericanas y latinoamericanas. Cenaban pavo al horno, con diversos acompañamientos típicos de la zona, y pasadas unas horas, ya de madrugada, a pesar del calor tomaban chocolate caliente. A Maissa le resultó un menú parco y poco o más bien nada selecto para ser Navidad, y aún menos para una familia de clase alta como la de Howard.

Quiso tener un detalle con la familia de su novio y había llevado dulces típicos de Navidad, como turrones, polvorones o mazapanes. Y además llevaba un obsequio de Navidad para cada uno de los miembros de la familia.

Los siguientes días Maissa los pasó paseando por la ciudad, saliendo a cenar con Howard a algunos restaurantes, y vio a las pocas amistades que él tenía en la ciudad. No tardó en darse cuenta de que Howard ni tenía muchos amigos ni era tan sociable como aparentó al principio.

Estaba a punto de llegar la noche de Fin de Año, y Howard no tenía ningún plan. A Maissa le parecía asombroso, ya que había hecho el esfuerzo de ir hasta allí a pasar las Navidades con él y, sin embargo, no había planeado nada para una noche tan especial. Le resultaba increíble y lo percibía como una dejadez por parte de Howard hacia ella.

Finalmente fue el padre de Howard quien tuvo el detalle de organizar algo, solo para los cuatro, una cena con fiesta en un elegante hotel. Maissa se sentía agradecida con el padre de Howard por el detalle; sin embargo, no era la idea que ella tenía para Fin de Año. A sus ojos, tendría que haber sido Howard quien organizase algo, y con gente de su edad, pero resultó que él era un hombre con mucha menos iniciativa de la que aparentaba.

Pasada la festividad de los Reyes Magos, Maissa regresó a España y a sus clases en el máster.

Estaba en un punto que no sabía qué hacer con su vida. Por un lado, vivía su día a día en Madrid, con sus colegas del máster, entre salidas, fiestas y clases, y tenía a su padre cerca. Por otro, estaba enamorada de Howard; sin embargo, sentía que tenía que hacer muchos esfuerzos por su relación con él. A su vez, recordaba su vida y su casa en el norte de España, una vida que echaba bastante de menos. Y en medio de ese lío estaba ella, Maissa. ¿Hacia dónde ir? ¿Qué opción tomar?

Pasaron apenas unas semanas de su regreso y le surgió la oportunidad de vender su casa en el norte de España. Tuvo que hacer un gran esfuerzo para animarse a vender su casa, sabía que vender esa propiedad era la puerta a la libertad para hacer una vida donde ella quisiera y con quien quisiera. Pero tenía el corazón en un puño, ella en el fondo hubiese querido conservar su casa. Además, venderla implicaba que ya no tendría un lugar a donde regresar si las cosas salían mal.

Maissa estuvo muy pensativa durante varios días, hasta que finalmente tomó una decisión. Sabía que, si quería volar libremente, no le quedaba más remedio que vender su casa.

Sentía tanta pena que ni siquiera acudió a la notaría, envió a su abogado con un poder y con todos los juegos de llaves de la vivienda. Unas horas más tarde, cuando su abogado le confirmó que se había firmado la compraventa, cogió un avión desde Madrid y acudió a su despacho, donde este le entregó una copia de la escritura y su cheque. Esa era la puerta a la libertad. Aunque triste, sabía que en ese momento tenía la llave de su futuro en sus manos.

En aquel momento lo único que Maissa tenía claro era que no quería seguir en España, necesitaba aire fresco y estaba abierta a cualquier posibilidad. Sabía de sobra que su padre nunca entendería la venta de su casa; sin embargo, la respetó.

Los meses de enero y febrero a Maissa siempre le resultaron aburridos y pesados. Este año no era muy distinto, hacía frío y la gente no estaba muy por la labor de hacer planes, así que Maissa empezó a pasar más tiempo con su padre y a frecuentar a algunos de sus amigos más cercanos.

Un día surgió la oportunidad de ir a pasar el fin de semana con unos amigos de su padre al norte de España, de ruta gastronómica, y Maissa se apuntó sin vacilar.

A mediados de marzo tenía previsto volver a visitar a Howard en su país, y se quedaría unas tres semanas. El reencuentro con él fue bueno; sin embargo, Maissa empezó a plantearse muchas cosas, si ir a vivir con Howard al acabar su máster, tal como habían planeado, o tal vez quedarse en Madrid o probar otro destino. Lo cierto es que no lo tenía nada claro, cosa poco habitual en ella, pues era una mujer que casi siempre sabía lo que quería.

Durante su visita a Howard, este insistió en llevarla a pasar unos días a la montaña. Maissa ya le había advertido que a ella la altitud no le sentaba bien, pero para él estaba por encima su deseo de enseñarle los bellos parajes de esa zona de su país.

Hicieron el viaje con otro amigo suyo desde hacía años. Era un viaje de aventura, en un país en vías de desarrollo —por decirlo suave—, con muy poca infraestructura y malas carreteras. A pesar de que la distancia no era tanta, la carretera no era buena y el trayecto les llevó algo más de seis horas. Howard sabía de sobra que Maissa se mareaba mucho en coche, y las curvas, junto con la altura, fueron un cóctel nefasto para ella, que acabó encontrándose muy mal.

Había hermosos parajes, pero Maissa se sentía tan mal que no era capaz de disfrutar de nada, estaba concentrada en sobrellevar el mareo, los vómitos y los dolores de cabeza que la altitud le provocaban, y no podía atender nada más. En su fuero interno estaba muy molesta, pues Howard no había tenido la más mínima consideración con ella, y tampoco le importaba cómo se pudiera sentir, y así lo demostró a lo largo del viaje.

Maissa regresó a Madrid algo dolida y desencantada con Howard, pero lo dejó pasar. Todavía pesaban más los buenos momentos que los malos, y además ella lo quería. A pesar de eso, a los pocos días de su regreso a España, la vida de Maissa sufriría un vuelco.

17

A los pocos días de su llegada a Madrid, Maissa fue invitada a una fiesta de tantas a las que solía acudir. A esas fiestas solían acudir personas muy variopintas, desde embajadores a cónsules, empresarios e incluso gente de la prensa.

Maissa salió de la universidad y fue a su casa a arreglarse para la fiesta. Pantalón negro en crepé de seda, zapatos con un tacón de vértigo, negros, y una blusa de gasa con mangas abullonadas. Maquillaje de noche, pero sobrio, y un recogido bajo.

Cuando llegó ya estaban casi todos los invitados. Fue de círculo en círculo saludando a unos y a otros, conocía a la mayoría de los asistentes. Finalmente, acabó en un corrillo de gente donde solo conocía a dos personas; los demás se fueron presentando uno a uno. Entre ellos había un hombre no muy alto, bien trajeado y de pelo engominado. Se presentó a Maissa como J. Era un hombre con una extensa trayectoria en los medios de comunicación. J. y Maissa comenzaron una amena charla con otras personas de ese mismo corrillo, y al cabo de un rato, sin darse cuenta, solo quedaban ellos dos, enfrascados en una conversación como si nadie más estuviera a su alrededor.

Durante un rato se separaron, J. estuvo hablando con otros invitados y Maissa hizo lo mismo. Pero poco tiempo después ambos se encontraron de nuevo. En esta ocasión, Maissa estaba sentada en un sillón, y J. se sentó en un sofá a su lado. Era algo más de la una de la madrugada, pero aún quedaba la mayor parte de los invitados. Maissa y J. retomaron su conversación donde la habían dejado, y acabaron inmersos en una charla sobre política. J. no dejaba de mirarla. Seguían inmersos en su conversación, era tarde y la gente empezó a abandonar la fiesta, quedaban pocos invitados.

Pasadas las cuatro de la madrugada, J. le dijo:

—Ahora sí debo irme.

Intercambiaron sus tarjetas. Maissa pensó que sería uno de tantos personajes que conocía cuando acudía a fiestas de alto copete, y creyó que nunca más sabría de él.

Echaba de menos a Howard, pero lo cierto era que ella necesitaba mucho más en su vida. La vida de Howard para ella era demasiado insulsa.

Unos días más tarde, Maissa estaba en la sala de ordenadores de la universidad donde cursaba su máster. Abrió su correo desde un ordenador; en aquel entonces, los móviles no contaban con correo electrónico. Y cuál fue su sorpresa. Esperaba encontrar un correo de Howard y, sin embargo, de quien encontró uno fue de J. Muy sorprendida, lo abrió. Era una invitación para comer con él en su casa el sábado siguiente y esperaba una respuesta. Maissa le contestó el correo aceptando la invitación. Más tarde, J. la llamó por teléfono para darle detalles, como la dirección y la hora.

El sábado Maissa se arregló con bastante esmero y compró una caja de bombones. Después cogió un taxi y le pidió que la llevase a la dirección que J. le había indicado por teléfono.

Bajó del taxi y llamó al portero automático. Contestaron rápido. Subió en el ascensor y cuando llegó a la puerta, J. la estaba esperando. Acto seguido, le presentó a Román, un amigo suyo de fuera de Madrid que estaba temporalmente alojado en su casa.

Pasaron al comedor. Por lo visto, Román se había pasado la mañana cocinando. Se sentaron los tres a la mesa, la comida se prolongó con una amena sobremesa y unos cuantos chupitos. A eso de las cinco, Román dijo que se iba a descansar un rato, y J. y Maissa se sentaron en el sofá, donde siguieron charlando, hasta que él la besó enérgicamente. Se besaron largamente.

Maissa le había sido muy clara el primer día que lo conoció, le dijo que tenía novio y aspiraba a un futuro con él. J. tenía trece años más que ella, quizá por eso le atraía tanto, pues siempre tenía la sensación de que sus parejas, al ser de su misma edad, eran personas poco vividas, poco cuajadas y faltas de hombría. A J. parecía no importarle mucho que Maissa tuviese una relación con otro hombre.

A eso de las ocho, ella le dijo que debía marcharse, pues había quedado con unos compañeros. Fue al baño y se retocó un poco el maquillaje. Quedaron en hablar, sin más, ni cuándo ni cómo, ya se vería. Maissa se dejaba llevar.

Había quedado con sus compañeros en una taberna del Barrio de las Letras. A juzgar por el volumen de voz de sus compañeros cuando llegó, debían ir por la tercera o cuarta ronda de cañas, por lo menos.

Fue una noche épica, de esas que hacen historia, acabaron bailando hasta que se hizo de día.

Los días de Maissa pasaban entre clases del máster, muchas horas en las salas de reunión y la biblioteca de la universidad trabajando con sus compañeros de equipo, saliendo a tomar cañas y copas para compensar tantas horas de estudio. Era el último trimestre y la fecha de presentación del trabajo final se aproximaba. No disponía de demasiado tiempo para ella. Muchos sábados, e incluso algún domingo, acababa teniendo que dedicárselo a sus estudios.

Un día, en clase, el director del máster empezó a asignar las fechas para la exposición oral de cada equipo. El grupo de Maissa fue de los últimos. Ahora, con la fecha ya asignada, podía pensar en sacar su billete para ir a visitar a Howard nuevamente.

Por otro lado, de vez en cuando quedaba con J., casi siempre en su casa. Prácticamente nadie sabía de sus encuentros.

En un momento dado, J. le insinuó que le gustaría tener una relación más seria con ella. Maissa lo pensó, pero su intuición le decía que no era una buena idea. Además, el pensamiento de Howard estaba siempre latente en su cabeza.

Las siguientes semanas pasaron muy rápido y la fecha de la exposición del trabajo llegó. La noche antes, todo el equipo se quedó ensayando la exposición hasta pasadas las cuatro de la madrugada.

Maissa se marchó a casa en un taxi. Cuando se metió en la cama eran pasadas las cuatro y media, puso el despertador para las nueve y cuarto, tenía menos de cinco horas para dormir.

Cuando sonó el despertador, parecía que apenas habían pasado unos segundos. Maissa se levantó como pudo, bajó a la cocina, cogió una Coca-Cola Light de la nevera, la sirvió en un vaso con hielo y se la tomó. Se metió en el baño, se duchó, se secó el pelo y después se puso un traje de chaqueta y pantalón azul claro con rayas blancas muy finas. Cogió un taxi y se dirigió a la universidad.

Cuando llegó sus compañeros ya esperaban en el pasillo. Rápidamente entraron a la sala asignada, estaba el tribunal de profesores esperando. Se habían dividido el trabajo en cinco partes, a cada uno le correspondía defender una. A Maissa le tocó la tercera.

Llegó su turno. Estaba algo nerviosa, pero lo hizo bien, se notaba en las caras de los miembros del tribunal, e incluso al finalizar la exposición dos de los miembros del tribunal se acercaron a Maissa para felicitarla personalmente. «Máster terminado», pensó. Otra etapa que se cerraba.

En apenas un día y medio, Maissa debía coger un avión para reunirse con Howard, y no tenía nada listo. Aun así, sabía que no podía marcharse así sin más, tenía que ir con sus compañeros a celebrar el fin del máster. Tomaron unas cañas y, en cuanto vio una oportunidad para irse, se despidió de ellos. Regresó a casa, tenía que empezar a preparar su equipaje. Pasó la tarde y parte del otro día preparando todo. Por la noche se despidió de su padre, pues ella debía madrugar y él estaría durmiendo cuando saliese.

Cuando Maissa llegó al aeropuerto, aquel día, había un gran volumen de pasajeros. No hubo mucho tiempo para nada, pues las colas eran inmensas para todo. Cuando subió al avión, acomodó sus cosas en su sitio y se dejó caer en el asiento, no quería pensar en nada, iba a aprovechar el largo vuelo para descansar. Lo necesitaba. Los últimos tres meses habían sido muy intensos.

Esta vez era un vuelo directo y tampoco hubo incidentes con las maletas. Unas cuantas horas más tarde se reencontró con Howard en la sala de llegadas. La abrazó, pero no fue muy cortés, pues sus primeras palabras fueron:

—Estás demacrada.

Aunque era cierto, no fue muy amable por su parte, sobre todo teniendo en cuenta que hacía casi tres meses que no se habían visto. Las horas nocturnas en la biblioteca, las reuniones con el equipo de trabajo, las juergas y los encuentros con J. no le habían dejado tiempo para nada, aún menos para descansar.

Según fueron pasando los días, Maissa se fue recuperando. Howard, como siempre, se iba por la mañana a trabajar y no regresaba hasta pasadas las ocho de la tarde, así que ahora Maissa disfrutaba de tiempo para ella. A los pocos días de estar allí, visitó a los padres de Howard y a algunos de sus amigos.

Su novio le propuso hacer un viaje juntos a Buenos Aires, una propuesta que le sonó maravillosa. Y así hicieron. Maissa ya conocía la ciudad, unos cuantos años atrás ya la había visitado, pero de eso hacía más de diez años.

Fueron unos días fantásticos, pues a fin de cuentas Buenos Aires no dejaba de ser un pedazo de Europa insertado en Latinoamérica. Hicieron de todo, fueron a buenos restaurantes, estuvieron de compras, disfrutaron de un par de espectáculos de tango, pasearon por las zonas más emblemáticas de la ciudad. A los ojos de Maissa, había sido un magnífico viaje.

Esta vez, había decidido no insistirle a Howard con que la visitase en Europa, pues si bien lo quería, era consciente de que no sabía qué rumbo iba a tomar su vida y no quería sentirse presionada ni presionarlo a él.

Sin embargo, esta vez se encontró con la sorpresa de que Howard, un día al llegar del trabajo, le dijo que había sacado un billete para irse con ella. Maissa se sintió halagada, pero también intranquila. Sabía que pronto debería tomar una decisión: mudarse a vivir con Howard o hacer su vida por su cuenta sin él.

18

Este viaje a Europa fue más pausado, pues Howard ya conocía España de su anterior viaje. En esta ocasión, sin tanta ansia por parte de él de visitar lugares, Maissa se sintió algo más cómoda y pudo disfrutar más del viaje.

Estuvieron en distintas provincias de España, visitaron a algunos amigos de ella. La diferencia era que, esta vez, Maissa ya no tenía casa propia en España, la había vendido meses atrás, y eso le pesaba en el alma como una losa.

También decidieron ir a visitar al hermano de Howard, que por aquel entonces vivía en Europa, así que cogieron un avión y allí se presentaron, a pasar unos días con él, su esposa y su hijo. Visitaron varios lugares juntos: Colonia, Rehims, Luxemburgo, Bruselas.

Al regresar a España, a Howard le quedaban aún unos días y aprovecharon para hacer pequeñas excursiones por Castilla, pues desde Madrid había varios sitios de interés que se podían visitar haciendo una excursión de un día.

Ambos sabían que debían sentarse a hablar y que ese momento no tardaría en llegar. Se dedicaron a divertirse, a disfrutar de la vida, y dejaron esa charla para prácticamente el día antes de la partida de Howard.

Por si fuese poco, y como no tenía bastante en qué pensar Maissa, a través de la bolsa de trabajo de la universidad donde unos meses atrás había hecho su máster, le surgió una oferta de trabajo en México.

Howard no estaba listo para comprometerse y ella tampoco quería eso, así que le propuso ir a vivir con él un tiempo y ver qué pasaba. Maissa le pidió un tiempo para pensarlo. Él lo entendió, en el fondo tampoco le estaba ofreciendo nada muy sólido y sería ella quien más arriesgaría.

Finalmente, Howard regresó a su país. Estando ya a solas, Maissa fue encontrando el momento para evaluar la situación. La propuesta de su novio, aunque arriesgada, le resultaba tentadora, pero sobre todo llevaba dos años volcada en esa relación, había invertido sentimientos, tiempo, esfuerzo y también dinero. Su relación estaba lejos de ser perfecta, pero habían trabajado mucho en ella, al menos Maissa. Durante esos dos años, fue de un continente a otro siete veces al menos. Tendrían que pasar años para darse cuenta de que esta fue una de las etapas más bellas e intensas de su vida.

Necesitaba pensar bien qué iba a hacer, era ella quien dejaba su vida, su mundo, su cultura, su hábitat, además de un alto nivel de vida. Era medianamente consciente del riesgo, pero los riesgos solo son reales cuando uno los toma, y solo con el tiempo descubriría cuánto había arriesgado. En verdad, era mucho más de lo que ella imaginaba.

Después de unos días evaluando pros y contras y, sobre todo, analizando lo que sentía por Howard, decidió aceptar su propuesta.

Maissa se preparó a conciencia para ese viaje, ella siempre se preparaba para hacerlo todo lo mejor posible, no le gustaba dejar cabos sueltos.

Lo primero fue comprar un billete de ida, un billete abierto a seis meses. Compró algo de ropa nueva y otra maleta más, pues le hacía falta. Cada día iba arreglando alguna cosa, intentando dejar sus asuntos lo más ordenados posible.

Sus dos últimos días en España fueron muy tensos, cargados de preparativos y despedidas, con un nudo en el estómago que apenas la dejaba respirar. Y finalmente llegó el día de su partida. Iba muy cargada, llevaba bastante equipaje, pero sobre todo iba repleta de ilusiones, proyectos y mucha emoción.

El viaje no fue muy diferente a otros, largo, muy largo, pero con una gran diferencia: esta vez no había fecha de regreso, y tampoco quedaban cosas ni proyectos pendientes en España.

Cuando llegó a su destino, Howard la estaba esperando en el aeropuerto, como tantas otras veces.

Acordaron que Maissa se tomaría un tiempo para aclimatarse a su nueva vida y que después del verano buscaría cómo situarse laboralmente. Los primeros días fueron emocionantes. Maissa se fue instalando y tomó las riendas de la casa, pues hasta entonces solo lo había hecho a medias.

Faltaban pocos días para su treinta cumpleaños. En Latino-américa se le concede mucha importancia a esta celebración, incluso cuando se es adulto. La madre de Howard decidió or-ganizarle una fiesta, pero no se lo consultó, dio por sentado que el detalle agradaría a Maissa. Seguramente sus intenciones eran buenas, pero no pensó en Maissa en absoluto.

Organizaron una comida en la antigua casa familiar, que aún mantenían abierta y con servicio a pesar de que hacía años que ya no vivían en ella. Nadie le consultó a Maissa sobre el menú, y aún menos sobre la lista de invitados y, por supuesto, tampoco se le preguntó si esa propuesta para celebrar su cumpleaños era o no de su agrado. Maissa se vio envuelta en una situación incómoda sin buscarlo, se sentía tonta y triste a la vez.

Cuando llegó el día Maissa se vistió, maquilló y peinó con mucho más esmero de lo habitual, sabía que sería observada por muchas miradas, y la mayoría poco conocidas para ella. Ese día se arregló para los demás, para agradar, para causar buena impresión; nunca antes había actuado así. Siempre que se arreglaba lo hacía por y para sí misma, nunca para otros.

Fue un día tenso e intenso. Primero recibió a los invitados que iban llegando poco a poco, Maissa puso su mejor cara y su mejor sonrisa, pero por dentro estaba enojada interpretando un papel que no deseaba interpretar. Ese fue el primer tropiezo de Maissa en el círculo de Howard, después vendrían muchos otros.

Maissa tendría que haber hablado claro y haber dicho que no le gustaba que nadie le organizase la vida, pero era demasiado joven e inexperta, y además estaba fuera de su ambiente habitual. Sus padres siempre le otorgaron gran libertad a cambio de responsabilidad, y ella estaba acostumbrada a hacer y deshacer en su vida lo que le venía en gana.

Tanto para Howard como para sus padres, todo había salido lindo. Pero nadie pensó en cómo se sentía Maissa, ni tan siquiera él.

A la semana siguiente, Howard le propuso acudir al que era el mejor restaurante de la ciudad en aquel momento, por supuesto invitando ella con su tarjeta de crédito. Maissa no se quiso negar, pues en el fondo tenía interés en conocer el restaurante en cuestión. Disfrutaron de una magnífica cena, buen vino y un exquisito servicio, fue una magnífica velada.

Al día siguiente era domingo, y no fue un domingo más, a pesar de que al principio lo pudiera parecer. Ese día se levantaron tarde, Howard aprovechó para ir al gimnasio, como solía hacer cuando disponía de tiempo libre. Después comieron algo y fueron a hacer unas compras. De regreso, estando ya en casa, sonó el teléfono fijo. Eran los padres de Howard avisando de que iban a ir a visitarlos con Harry, el menor de sus hijos. A Maissa esta visita le pareció algo intempestiva, sobre todo a última hora de la tarde, en domingo y debiendo ir a trabajar Howard al día siguiente, pero, por supuesto, se lo calló y no demostró su incomodidad.

Pronto llegaron y se acomodaron en el salón. Al poco rato la madre de Howard, que era una mujer, aunque mayor, bastante inquieta, fue detrás de su hijo Howard; el resto de la familia, su padre, Maissa y Harry, permanecieron en el salón. Desde allí empezaron a oír una acalorada discusión entre Howard y su madre, el tono iba subiendo por segundos, hasta el punto de que él apareció en el salón con su madre gritando por detrás.

Maissa decidió quedarse sentada, callada, sin decir una sola palabra, ya que creía que no debía inmiscuirse en la discusión que madre e hijo estaban manteniendo.

Al parecer, la discusión se originó porque Howard, con toda la buena fe, le mostró a su madre unas fotos viejas de cuando sus hermanos eran niños, que había encontrado en la antigua casa familiar, y ella lo tomó como si le hubiese sustraído las fotos.

Harry se puso rápidamente de parte de su madre, como si en ello le fuese la vida, y finalmente ambos se marcharon de mala manera, pues ella consideraba que su hijo la había ofendido profundamente.

El padre permaneció sentado en el salón atónito, no podía acabar de creer lo sucedido entre Howard y su mujer. Maissa tampoco daba crédito a lo que acababa de suceder, pero si algo le quedó muy claro desde ese día era que la relación con su suegra sería muy difícil, aunque nunca imaginó hasta qué punto.

Con el paso de los días, Howard se fue calmando y dejó de hablar del incidente. Unos días más tarde, Maissa recibió una llamada de la madre de Howard invitándola a comer a su casa. Lo cierto es que no le apetecía en absoluto la idea, pero no quiso ser descortés y aceptó la invitación.

Cuando Maissa llegó a casa de sus suegros, se percató de que solo estaban su madre y el personal de servicio. Así que iban a comer solamente ellas dos. Maissa se sintió muy incómoda.

Se sentaron en la mesa del comedor y Maissa dejó que ella llevase la conversación. Al principio iba todo medianamente normal, hablaron de ir a la playa, de noticias que salían en algunas revistas del corazón, temas ligeros, pero cuando llegó el momento del postre, la madre de Howard cambió radicalmente de tema y fue muy directa con Maissa.

—Estarás de acuerdo conmigo en que, respecto a lo de las fotos, yo tengo razón.

Maissa se sintió acorralada, estafada, la miró fijamente a los ojos y le dijo:

—Yo no tengo nada que opinar al respecto.

No le dio la razón, y la madre de Howard endureció el gesto y le echó una mirada de esas que no se olvidan jamás.

Maissa intentó no ser maleducada, se quedó unos minutos más, procuró mantener la compostura, le agradeció el almuerzo y se marchó. Ese día comprendió que, si hubo un mínimo de cordialidad entre ambas, se había terminado, y sobre todo por parte de la madre de Howard.

19

Unos días más tarde tuvo lugar la boda de un íntimo amigo de Howard. Para Maissa no era la primera boda a la que asistía en el círculo social de su pareja.

Los novios habían tenido un noviazgo breve, pues él tenía planes de marcharse a España a estudiar un máster y quería llevarse a su novia con él. No fue una boda numerosa ni rodeada de *glamour*, fue una boda de día con un almuerzo en una casa de campo propiedad de la familia de la novia. No se prolongó mucho, pues los novios viajaban a España al día siguiente.

Howard estaba visiblemente emocionado, pues era su íntimo amigo, estaban bastante unidos, así que su partida lo dejó algo más solo, ya que no tenía muchos amigos.

Los días fueron pasando y llegó la Navidad. No era la primera vez que Maissa pasaba estas fechas con la familia de Howard. En principio, fue muy similar a la que vivieron el año anterior. Una cena familiar e intercambio de regalos; eso sí, con clima cálido. Maissa no llevaba demasiado bien que hiciera calor durante esas fechas, ella siempre había asociado la Navidad al clima frío.

Las celebraciones con la familia de Howard no se podían calificar de divertidas, a Maissa le resultaban tensas y demasiado protocolares. Por suerte, llegó Fin de Año, que pintaba diferente. En aquella época los padres de Howard estaban construyendo la que sería su casa de playa, así que para ese verano optaron por alquilar una casa en la playa mientras terminaban la suya.

Con esas vacaciones en la playa a Maissa se le abrió un mundo de semilibertad. Ella y Howard empezaron a ir todos los fines de semana a la playa; como eran playas privadas, solo se podía acceder si se era socio y se disponía de una casa propia o en alquiler. En ese oasis, no existían los problemas de inseguridad que caracterizan a las grandes capitales de América del Sur. Aquello le dio un pequeño respiro a Maissa: el sol, el mar, los paseos… Pero fue un espejismo que apenas duró un par de meses.

Maissa también debía dar por terminado su periodo de adaptación y empezar a ver qué iba a hacer con su vida personal y profesional. El primer paso era regularizar su situación en el país, pues hasta ese momento estaba en calidad de turista. Un día acudió a la Oficina Central de Migraciones, que se encontraba en una de las peores zonas de la ciudad. Al principio parecía un trámite no tan difícil, pero según fue dando pasos, fueron apareciendo nuevas trabas.

A pesar de que el padre de Howard tenía muy buenos contactos, jamás le tendió la mano en este asunto, puesto que ya se había encargado su suegra de dejarle muy claro que, para ellos, era tan solo la conviviente de su hijo, nada más. Maissa tuvo que moverse bastante, iba y venía a menudo a la Oficina de Migraciones. Por un lado del edificio acudían las personas que, como ella, hacían trámites en extranjería, y a la espalda del mismo edificio se encontraba el área donde ingresaban las personas que habían sido capturadas por la policía al cometer un delito.

Después de casi tres meses de gestiones, idas y venidas, e incluso algún intento de robo en el camino, le fue concedido el anhelado permiso de residencia.

Estos meses resultaron muy desgastantes para Maissa y su ánimo lo empezaba a acusar.

20

El estado anímico de Maissa no era bueno. El desgaste con el papeleo para obtener el permiso de residencia y la falta de una rutina, de un trabajo y de un entorno propio que no fuese el de Howard empezaron a salpicar su relación sentimental.

Las cosas entre ellos se estaban agriando, se respiraba cierta tensión en el aire. La cabeza de Maissa daba vueltas a todas horas, se sentía en una espiral sin salida, pero también sentía que si no tomaba las riendas y enfrentaba el asunto, el fino hilo que la unía a Howard se acabaría rompiendo.

Ese momento llegó. Esta vez fue ella quien abordó a Howard y le preguntó qué sucedía. Él no le respondió con evasivas, fue claro y le confesó que no era feliz. Según él, su mal estado de ánimo le resultaba insoportable. Mantuvieron una conversación muy tensa.

Ese mismo día, de noche, cuando Maissa se acostó, pensó que lo mejor que podía hacer era comprar un billete a Europa y marcharse. Sin dudarlo, al día siguiente adquirió un billete de avión para Madrid. No sabía en qué acabaría aquello, pero ambos necesitaban aire, por muy distintos motivos.

El regreso de Maissa a España coincidió con el verano europeo. Estaba muy desanimada, pero a pesar de ello intentaba mantener la calma. Trató de rodearse de personas a las que apreciaba. Por un lado, no tenía ganas de nada, pero a la vez era consciente de que encerrándose en sí misma no iba a lograr nada.

A los dos días de su llegada a Madrid, Maissa llamó a unas amigas que eran vecinas de la urbanización donde ella y su familia habían vivido durante años. Mary y Silvia eran muy animadas y, a pesar del estado de ánimo de su amiga, consiguieron arrastrarla hasta una fiesta. Maissa iba con la idea de charlar un poco con ellas, tomar un par de copas y volver a casa, pero al poco rato de estar allí con ellas, un hombre muy alto y corpulento, de ojos azules, se acercó a la mesa en la que estaba con sus amigas.

Se presentó como Alex. A Maissa le daba una pereza terrible tener que iniciar una conversación con un desconocido, pero él fue muy amable con ella. Bailaron, charlaron un rato e insistió en acompañarla a su casa, pues le contó que tenía una moto de gran cilindrada. Entonces ella recordó que desde su adolescencia no se había vuelto a subir a una moto. Maissa se agarró fuerte a la cintura de Alex, e iba contoneando su cuerpo según él iba tomando las curvas. El aire azotaba su melena, sentía el frescor de la brisa, casi estaba amaneciendo. Fue un placer. Hacía mucho que Maissa no disfrutaba así.

Alex le insistió para que le diese su número de teléfono. Ella tenía dudas; en el fondo, el capítulo con Howard no estaba del todo cerrado. Finalmente accedió y le dio su número.

Howard estaba a diez mil kilómetros y no la llamaba ni le escribía, y lo cierto era que Maissa no se había sentido bien tratada por él, aunque lo quería. Así que pensó para sí misma que por qué iba a privarse de conocer a Alex, que había mostrado interés en ella.

La llamada de Alex no se hizo esperar, la llamó un día y medio después de haberla conocido. La invitó a comer en un restaurante próximo a la casa de él, ya que vivía en una zona muy céntrica de Madrid.

Al final de la comida, Alex tomó su mano y le dijo:

—Me gustas mucho.

A Maissa se le hizo un nudo en el estómago, pues él también la atraía. Ella era una persona extremadamente sincera y no tuvo reparos en exponerle la situación sentimental que atravesaba con Howard.

—Me importa un carajo un tipo que está a casi diez mil kilómetros. Probemos —le respondió mirándola a los ojos.

Alex era un hombre serio de pocas palabras; sin embargo, era muy afectuoso. A pesar de que era extranjero, conocía bien la cultura española, pues su padre era español. A causa de su trabajo había viajado por medio mundo, era un hombre muy independiente. Era once años mayor que Maissa, residía temporalmente en España por trabajo, se desempeñaba como ingeniero desarrollando proyectos. Después no sabía qué destino vendría, ni él lo tenía claro. Por eso Maissa fue consciente desde el principio de que aquello sería temporal, y además estaba Howard.

Ambos empezaron a frecuentarse; desde luego, la época era propicia, pues era verano en Madrid. Salían a cenar, a bailar, a dar paseos en moto. Todo esto hizo sentir a Maissa que había estado muerta en vida los últimos meses. Por ratos, Howard quedaba relegado a una esquina de su mente.

Un día, de repente, Alex le propuso hacer un viaje por el Caribe. Al principio dudó un poco, pensaba en Howard, pero a la vez era consciente de que él, desde que ella volvió a España, estaba frecuentando a otra mujer, no la llamaba, no le escribía. Y Maissa pensó que si Howard había sido tan egoísta con ella después de todos los esfuerzos que hizo por él, mejor empezar a pensar en sí misma. Y aceptó la invitación de Alex.

Fue un muy buen viaje: buenos hoteles, playas paradisíacas, salidas en barco, noches de fiesta… Maissa sentía que volvía a vivir de nuevo.

De regreso a España, Maissa consultó su *email* y se encontró un correo de Howard. Lo cierto es que ya no esperaba absolutamente nada de él. Al abrir el correo se llevó una gran sorpresa, incluso tuvo que releerlo. Howard le estaba proponiendo encontrarse en algún punto de los Estados Unidos para verse y decidir qué hacían con su relación.

A su vez, un par de días después de haber regresado de su viaje por el Caribe con Alex, este vino diciéndole que la empresa donde trabajaba le acababa de asignar un nuevo proyecto fuera de España, que debía incorporarse antes de treinta días. Alex quería que ella se fuese con él y así se lo manifestó.

Maissa estaba muy a gusto con Alex, pero en su cabeza aún rondaba Howard y tampoco estaba dispuesta a ir de destino en destino siguiendo a un hombre que aún no conocía demasiado bien. No se visualizaba en esa situación. Intentó decírselo de la manera más suave posible. Sentía pena, los ojos de Alex reflejaban tristeza, pero era un hombre maduro que pasaba de los cuarenta, así que lo encajó como pudo y casi de inmediato dejaron de frecuentarse.

Maissa comenzó a preparar su reencuentro con Howard. A pocos días de su viaje a los Estados Unidos, recibió una llamada de Alex, para despedirse. Durante un momento una profunda tristeza la invadió.

Dos días más tarde, cogió un avión rumbo a los Estados Unidos para reencontrarse con Howard. Como siempre, él quería ser quien organizase todo, así que decidieron encontrarse en California. Quedaron en el aeropuerto de Los Ángeles. Para Maissa era como volver al pasado, pues de joven había residido en California. El viaje era largo, más para ella que para Howard.

Cuando Maissa desembarcó, él ya estaba esperándola en la sala de llegadas. Se saludaron fríamente, apenas un beso en la mejilla. El vuelo había sido muy largo y llegó cansada, pero Howard, que a ratos era como un chiquillo, había decidido alquilar un coche e ir a Disney World. Para Maissa, no era en absoluto el plan que hubiese deseado. Ella ya había estado allí en 1986, cuando había residido en California; en aquel entonces tenía catorce años y esos planes sí eran de su agrado. Sin embargo, Maissa cedió, como tantas otras veces, para complacerlo.

Durante los dos primeros días hubo muchas idas y venidas. La aventura que Howard había tenido con Janette durante la ausencia de Maissa ya no funcionaba, pero él no sabía lo que quería. A pesar de su *affaire,* quería a Howard, y también había arriesgado mucho por él, había vendido su casa, había dejado atrás un par de oportunidades de trabajo al acabar el máster para marcharse con él, y se había pasado tres meses haciendo gestiones para obtener un permiso de residencia. Maissa había apostado por aquello, y ya que lo había hecho iba a regresar a la ciudad donde vivía Howard, sola o siendo su pareja, pues había invertido mucha energía, tiempo y dinero en ese proyecto y lo iba a intentar. Lo tenía decidido.

Para ella, los primeros días junto a Howard en California fueron extraños, a ratos discutían, a ratos se divertían. Él por momentos se comportaba como un chiquillo, se dedicaba a disfrutar de atracciones en los parques, a ir de compras en los grandes centros comerciales, donde pasaba horas, porque decía que en su país no había de nada, y mientras Maissa, cansada ya de ver tiendas, lo esperaba por las distintas cafeterías. A pesar de lo extraño de la situación, ambos mantuvieron varios encuentros sexuales que fueron muy intensos.

Después pasaron unos días en Laguna Beach, un plan que era más del agrado de Maissa. Con el paso de los días Howard se fue suavizando, y acordaron que ella regresaría a mediados de octubre, entonces se buscaría un apartamento y viviría por su cuenta, pues poco antes de dejar a Howard había encontrado un proyecto de negocio que era de su interés.

21

A mediados de octubre, Maissa regresó a casa de Howard, aunque sería por poco tiempo, hasta que consiguiese un apartamento. Solo tardó un par de semanas en encontrar dónde vivir, pues ya contaba con algunos contactos propios en la ciudad.

Maissa intentaba tener una vida propia, consiguió su apartamento y comenzó su proyecto de trabajo con la socia que pocas semanas antes de regresar a España había conocido. Esta chica le presentó a su círculo de amigos, y poco tiempo después Maissa hacía su vida al margen de Howard, se rodeó de personas más abiertas, a quienes les gustaba sociabilizar.

Muchas personas del entorno de Howard quedaron sorprendidas con la capacidad de reacción de Maissa, aunque eso no evitó que pasase muy duros momentos y atravesase una profunda soledad.

Cuando Maissa parecía tener ya su vida propia, Howard empezó a buscarla de nuevo, y casi sin darse cuenta volvieron a estar juntos nuevamente. Esta vez era una relación tradicional de novios, más del agrado de los padres de Howard. La llamaba todos los días al salir del trabajo, quedaban y se fueron acercando cada vez más. Pero Maissa había aprendido del desprecio que el entorno de Howard le mostró por convivir sin estar casados, así que si él volvía a formar parte de su vida tendría que ser casándose. Maissa no pensaba así, pero el rancio y retrógrado entorno que rodeaba a Howard no entendía que un hombre y una mujer convivieran sin estar casados.

Durante los siguientes meses su relación se fue consolidando. Llegaron días felices, días de sol y playa en la casa familiar de Howard, salidas con amigos. Con el paso de los meses, él empezó a hablar de matrimonio, algo que Maissa esperaba, pero a la vez en su fuero interno lo veía innecesario. Quería a Howard, no necesitaba más. Sus indirectas sobre el tema del matrimonio dejaron de ser indirectas, y Maissa entendió que el momento estaba por llegar.

Un viernes por la noche, cuando Howard recogió a Maissa a la salida de su trabajo, le dijo:

—Hoy te voy a llevar a un sitio que aún no conoces.

La llevó por una zona aún desconocida para ella, aunque ya se manejaba muy bien por la ciudad sola. Llegaron a una pequeña casa que resultó ser un restaurante. Sentados en la mesa empezaron a conversar como tantas otras veces, y de repente Howard le preguntó:

—¿Qué te parece si nos casamos? —Y le abrió una pequeña cajita que contenía un anillo de compromiso. Estaba visiblemente emocionado.

Lo besó, la emoción la embargaba, pero el temor también.

Esa noche Maissa prácticamente no pudo dormir, su cabeza no paraba de dar vueltas, pensaba en muchas cosas a la vez. Con el paso de las horas se fue calmando. Si bien se presentaba como una etapa de ilusión, las complicaciones no se hicieron esperar.

Al día siguiente, Howard había quedado con sus padres para ir a comer a su casa. Maissa delegó en Howard la comunicación de la noticia a sus padres. Ella creía que era lo más oportuno. A fin de cuentas, se trataba de su familia, no de la de ella, y ya le habían dejado bastante claro que no la consideraban en absoluto la persona idónea para su hijo.

Ese mismo día, después de que Howard les diese la noticia a sus padres, estos insistieron en que los acompañasen a un evento social que tenían esa tarde. Ambos optaron por acudir al evento, aunque sin muchas ganas. La madre de Howard se sentó al lado de Maissa, y se aseguró de que ni su hijo ni su marido la pudieran oír. Empezó a hablarle sobre lo bien que en su día salió la boda del hermano de Howard y que ella se había encargado absolutamente de todo. A Maissa, la idea de que su futura suegra le pudiera organizar la boda le horrorizaba. Intentó no ser descortés y fue contestando con evasivas. Las cosas entre ambas hacía ya algún tiempo que no iban demasiado bien. Maissa pensaba que la noticia era muy reciente como para actuar de manera frontal, pero era joven e inexperta y su actitud poco firme hacia su futura suegra le acabó trayendo grandes problemas. En gran medida, obraba así porque no quería salpicar a Howard.

Esa misma semana, la pareja comenzó a buscar iglesia. Howard era el que estaba interesado en casarse por la iglesia; ella no era creyente y jamás perteneció a religión alguna, pero quería darle gusto a él y decidió solicitar una dispensa por divergencia de culto al arzobispado correspondiente. La elección de la iglesia sí correspondía a la novia.

Después de visitar varias, Maissa se decidió por una iglesia muy antigua y señorial, y Howard estuvo totalmente de acuerdo con su elección, así que pagaron y reservaron fecha.

Apenas habían pasado un par de días cuando Maissa recibió una llamada de su futura suegra, y como era habitual en ella, no se trataba precisamente de una llamada de cortesía. Al principio de la conversación, trató de ser amable, pero se notaba demasiado que todo era mera apariencia. En cuanto tuvo oportunidad, la madre de Howard le reprochó haber elegido esa iglesia, adujo que la zona donde estaba ubicada era fea y estaba llena de delincuentes. Y se había enterado de que Maissa no profesaba religión alguna y empezó a sermonearla con la importancia de creer en Dios y que debería convertirse a la religión católica, invadiendo gravemente la vida de Maissa y, en consecuencia, de su hijo Howard.

La paciencia se le estaba agotando y sencillamente le contestó:

—La iglesia la elige la novia. Además, Howard, su hijo, está de acuerdo con mi elección.

Y pensó para sus adentros: «Primer asalto ganado». Pero su futura suegra le dejó muy claro su descontento respecto al asunto.

Unos días más tarde, el padre de Howard llamó a su hijo y le dijo que quería reunirse con él y Maissa para hablar respecto a la organización de la boda. Por supuesto, su madre también estaría presente en la reunión. Una etapa que debería resultar feliz estaba empezando a ser muy agotadora y llena de obstáculos que sortear.

Ambos acudieron a la cita propuesta por su padre, en una céntrica cafetería de la ciudad. Por supuesto, previamente habían acordado entre ambos qué estrategia seguir. Tenían claro que sus padres deseaban participar en la organización de la boda, como años atrás habían hecho con la de su otro hijo, pero Maissa y Howard no se lo iban a permitir.

La conversación entre los cuatro fue tensa, por momentos incluso acalorada. Fue una situación bastante desagradable. En ese momento volvió a quedar claro que la madre de Howard y Maissa iban en direcciones totalmente opuestas. Poco se podía hacer, sus padres querían llevar la vida de su hijo en una determinada dirección y, en consecuencia, la de Maissa también.

Ella no iba a tolerar eso bajo ningún concepto, al menos en lo que se refería a ella.

22

Unas semanas más tarde, Howard y Maissa tenían planeado un viaje a España. Ella tenía unas cuantas cosas que resolver, y de paso tomarían un poco de aire y distancia de los padres de Howard.

En ese viaje Maissa cerró lo que le quedaba pendiente en España. Fue un trago agridulce, sabía que cerraba la puerta a vivir en Europa, al menos por una larga temporada, y que apostaba plenamente por su futuro junto a Howard. Sin embargo, él no arriesgaba tanto, seguía en su mundo, en su país, junto a los suyos.

Maissa metió en un contenedor las pertenencias que más valoraba de su antigua casa. Años atrás la había vendido e hizo que una empresa de mudanzas las enviase a la casa que iban a compartir Howard y ella. Con esas pertenencias sentía que recuperaba un trocito de su vida.

Aprovecharon el viaje para visitar a algunos amigos de ella. También adquirieron cosas para la casa, aprovechando el contenedor que Maissa había contratado. Después se dedicó durante un par de días a comprar cosas para ella, como zapatos, bolsos o ropa, y también acudió a una prestigiosa tienda de telas para adquirir la tela de su vestido de novia, pues tenía tan claro lo que quería que prefirió encargárselo a una modista y que esta le confeccionase el vestido a medida.

En su día, Howard le había dado como regalo de compromiso un solitario, y ella deseaba corresponderle obsequiándole un reloj a su prometido. Como Howard era bastante exigente, decidió acudir con él a una conocida joyería y que fuese él mismo quien eligiera el reloj que más le gustase. Quizá era poco romántico, pero Maissa pretendía acertar. También aprovechó la oportunidad para regalarle a Howard el traje que luciría el día de su boda.

Después de esos fantásticos días en España tocó regresar a casa. Tenían mucho que hacer, solo tenían la iglesia reservada; el resto estaba por hacer aún.

Cuando regresaron a casa, las cosas pendientes se acumulaban. Por ejemplo, estaban las obras que estaban haciendo en la casa de Howard, pues Maissa le fue muy clara al respecto: si él quería seguir viviendo en ese piso, ella necesitaba estar a gusto, y para ello debían hacer unas cuantas reformas. Por supuesto, fue Maissa quien corrió con los gastos de la obra, pues él consideraba eso un capricho suyo, pero eso sí, nunca se cortó en participar en la elección de los materiales y los enseres que adquirieron.

Ya que tenían tanta cosa que hacer, finalmente optaron por contratar a un *wedding planner.* Fue un alivio, pues, si no, casi todo hubiera recaído en Maissa. El *wedding planner* se puso en marcha y lo primero que hizo fue proponerles varias localizaciones para celebrar el evento. Finalmente, después de visitar varias propiedades, consiguieron una casa con precioso jardín.

Aunque ya tenía algunos amigos en la ciudad, el círculo cercano de Maissa aún no era muy numeroso, así que por su parte, en total, a la boda irían unos veinte invitados como mucho; los sesenta y cinco restantes pertenecían a Howard y su familia, entre amigos, familiares y algunos compañeros de su trabajo. A pesar del desbalance entre el número de invitados de ambos, ella pagó el cincuenta por ciento de los gastos. Quizá fue tonta y se aprovecharon de ella, pero prefería eso a tener que aceptar cosas que no fuesen de su agrado el día de su boda.

La madre de Howard no paraba de preguntarle qué miembros de su familia iban a venir a la boda, y mientras pudo le fue dando largas, pues no iba a venir nadie de su familia. Su padre se había vuelto a casar con una mujer mucho más joven que él, y su madre no se hablaba con su padre. Maissa tuvo que ser práctica, decidió no informar a sus padres sobre su boda. Si finalmente hubiesen venido, hubiera sido muy complicado y una vez terminada la boda, la madre de Howard no habría parado de hacer comentarios al respecto y Maissa sería el blanco de sus críticas. Así que decidió casarse sola, sin familia.

Poco a poco fueron organizando todo. Contratar al *wedding planner* fue de gran ayuda. Volvió el verano y las idas y venidas a la playa. La madre de Howard no desaprovechaba ni una sola oportunidad para hacer comentarios ácidos sobre cualquier asunto de la boda.

A pesar de que a Maissa le encantaba la playa, cada vez le resultaba más asfixiante pasar los fines de semana junto a la familia de su novio. Eso, casi sin darse cuenta, empezó a tener efectos en su carácter, se fue cerrando y cada vez era menos comunicativa con los padres de Howard. Comprendió que cuanta menos información diese sobre ella y su vida, estaría más tranquila y menos la podrían invadir; aun así, el ambiente con aquella familia estaba enrarecido.

Las fechas se iban aproximando, tanto la de la boda civil como la de la boda por la Iglesia, y todo el mundo andaba algo nervioso.

23

La ceremonia civil tendría lugar un jueves por la tarde en el ayuntamiento del distrito donde residía la pareja. Era imprescindible casarse por lo civil unos días antes para después poder hacerlo por la iglesia.

La ceremonia fue breve, acudieron una veintena de personas, entre amigos y familiares. Por parte de la novia acudió Cloe, quien fue su íntima amiga durante los años que vivió al otro lado del mundo. Cloe vino acompañada de su prometido, sus padres y sus hermanos, pues todos ellos sentían gran aprecio por Maissa y sabían lo sola que estaba. También estaba el hermano de Howard con su esposa.

Después de la ceremonia civil estaba previsto un cóctel en casa de los padres de Howard. Si hubiese dependido de Maissa plenamente, habría invitado a quienes ese día la acompañaron a un buen restaurante, pero tuvo que ceder, Howard insistió en que ya les habían puesto mucho freno a sus padres, y en algo había que ceder para que no se sintieran tan mal. Pero maldita la hora en que Maissa se dejó llevar por Howard, lo pagaría caro.

Después de la boda civil, se trasladaron todos a la casa de los padres del novio, y la primera bomba de su flamante suegra no se hizo esperar.

Ya sentados en diversas zonas del salón, los camareros empezaron a servir bebidas y aperitivos, y en un momento dado, de pie delante de varios de los que allí estaban presentes, la madre de Howard hizo un comentario que marcaría un antes y un después para siempre. Dijo, mirando a los recién casados:

—Ay, no saben que hoy me llamó una amiga y me preguntó si os casabais en régimen de separación de bienes.

Tantas cosas pasaron por la cabeza de Maissa en ese momento, barajó incluso abandonar la celebración y desaparecer para siempre. No se marchó por amor a Howard, pero ese día quedaría marcado en su retina para siempre, y no para bien.

Finalmente, a eso de las once de la noche los invitados se fueron retirando a sus casas, incluidos los novios, que fueron los últimos en abandonar la casa. En el coche, sentados los dos solos, Howard no sabía cómo consolar a Maissa, y se le veía incómodo y avergonzado. Ella, aunque intentaba guardar la calma, no lo estaba pasando bien, y después de unas horas en la cama al lado de su ya marido, decidió tomarse un tranquilizante.

Al día siguiente, Howard se fue a trabajar. Esta vez no despertó a Maissa, solo la besó suavemente, ya que sabía que había pasado una mala noche.

Unas horas más tarde, Maissa se levantó, ya más calmada, e intentó seguir con su vida. Ese día tenía organizada una cena de despedida de soltera, ella misma la había organizado. Eligió a un grupo de amigas, además de la esposa de su cuñado, y las invitó a cenar en un elegante restaurante.

La cena tuvo lugar en privado, de esa manera podrían estar a sus anchas, comieron, bebieron y se divirtieron todo lo que pudieron. De alguna manera, Maissa intentaba compensarse por la agria situación vivida en casa de sus suegros la noche anterior.

Después sus amigas se la llevaron a bailar a una discoteca que estaba muy de moda en el aquel entonces. Maissa regresó de madrugada a casa, algo que ya había pactado con Howard: no la molestaría con llamadas absurdas el día de su despedida de soltera, y ella haría lo mismo el día que celebrara la suya.

Ya faltaban muy pocos días para la boda religiosa y el posterior banquete, y tanto ella como Howard tenían bastante que hacer hasta ese día.

Uno de esos días, Howard se escapó del trabajo a la hora de comer para hacer algo relacionado con la boda, y aprovecharon para comer juntos. Como estaban cerca de la oficina de su padre, este lo llamó por teléfono y se apuntó a comer con ellos.

Cuando llegaron al restaurante, el padre de Howard la saludó con algo más de seriedad de lo habitual. Maissa lo notó raro, y no se equivocaba en absoluto. Hasta intuía de qué se podía tratar, pero por el momento y a pocos días de su enlace, decidió permanecer callada. Ni siquiera le transmitió a Howard lo que presentía.

Los días previos a la boda fueron de mucho ajetreo para ambos, al final de la semana parecía estar todo listo para el gran día.

La noche antes, Howard y Maissa acudieron a cenar solos a un pequeño restaurante cerca de su casa, donde cenaron tranquilamente. Regresaron a casa no muy tarde pensando en el gran día.

Ella pensó que esa noche dormiría mal; sin embargo, los últimos días habían sido tan agotadores que apoyó la cabeza en la almohada y durmió de un tirón hasta el día siguiente.

24

A primera hora de la mañana, Howard llevó a su mujer al hotel donde habían reservado una habitación para pasar su noche de bodas. La dejó allí. Ella, acompañada de un botones, subió a la habitación y colocó su traje de novia y todos los complementos que iba a utilizar ese día. Se tomó una larguísima ducha con agua muy caliente, se vistió y salió del hotel. Iba caminando en dirección a la peluquería donde la iban a peinar y maquillar, estaba bastante cerca de su hotel.

Cuando Maissa llegó a la peluquería había otras dos novias preparándose. La dueña le dijo que iba con algo de retraso, que si quería podía ir a tomar un café y en unos quince minutos habría acabado y comenzaría con ella. Entonces se le ocurrió una idea. Se acercó a una licorería que había a unas manzanas de la peluquería y adquirió dos botellas de cava, bien frías, listas para consumir.

De regreso en la peluquería, la chica que la iba a atender ya estaba lista para empezar con ella. En ese momento le sacó una de las botellas de cava que acababa de comprar y le pidió que la repartiese en copas entre las allí presentes para brindar. Todas la miraron sorprendidas, no era costumbre, pero Maissa quería compartir su felicidad. La otra botella pidió que se la guardasen en la nevera. Después de algo más de dos horas, Maissa estaba maquillada y peinada. Lo cierto es que no le quedaba demasiado tiempo.

Regresó al hotel, en taxi esta vez, pues no quería estropear ni su peinado ni su maquillaje, y además llevaba una especie de mantilla blanca bordada en la cabeza.

Subió a la habitación y se dio cuenta de que alguien había dejado ahí su ramo de novia. Empezó a vestirse, primero la ropa interior, después las medias y, finalmente, el vestido, para lo que tuvo que llamar a una camarera de piso, pues estaba sola y era imposible que ella misma se abrochara el vestido. La doncella que le enviaron fue muy amable y la ayudó en todo lo que pudo. Maissa estaba lista.

De repente sonó el teléfono de la habitación, avisaban desde recepción de que su padrino había llegado a recogerla y la estaba esperando en el *hall* de hotel. La doncella sujetaba con una mano la cola del vestido y en la otra llevaba la segunda botella de cava que había comprado. Maissa llevaba el ramo en una mano y con la otra intentaba colocarse el vestido.

Llegó al *hall*, allí estaba Hans, un amigo de su futuro marido, quien se prestó a hacer de padrino, pues Maissa no tenía familiares cerca, estaba sola. Cuando Hans la vio con el ramo en una mano y la botella de cava en la otra sonrió.

—Esta nos la vamos a beber tú y yo de camino a la iglesia para brindar juntos —le dijo.

Hans, muy delicadamente, insistió en que el chófer parase en una gasolinera para comprar unos vasos o copas de plástico, y así lo hicieron. Camino de la iglesia, en el coche, ambos fueron bebiendo y charlando animadamente.

Cuando la novia entró del brazo de Hans en la iglesia, empezó a sonar la música que ella había elegido para su camino al altar, que no era la tradicional marcha nupcial.

La iglesia, a pesar de ser grande, estaba bastante llena. Según Maissa avanzaba hacia el altar, fue viendo muchas caras conocidas, otras no tanto. Cuando fue llegando a los primeros bancos, en un lado estaban los familiares de Howard, y en el otro lado, en los bancos próximos al altar, estaban los allegados de Maissa. La madre de Howard, como era lógico, estaba en el primer banco, y su gesto al verla llegar era de profundo desagrado, incluso tenía la boca algo ladeada y el ceño fruncido. Esa espantosa mirada no se borraría jamás de su cabeza.

Maissa fue siempre muy clara respecto a su estado civil. A Howard se lo hizo saber a los pocos días de conocerlo, y a él pareció no molestarle en absoluto. Además, ella no tenía hijos de su primer matrimonio y tampoco mantenía ningún tipo de vínculo con su exmarido, por lo tanto era una etapa de su vida cerrada a cal y canto.

Los padres de Howard supieron que su hijo se iba a casar con una mujer divorciada porque una conocida, que se había enterado del estado civil de Maissa, se lo hizo saber a un familiar de Howard, y esta persona, con bastante mala intención, pocos días antes de la boda llamó a la madre de Howard y se lo contó.

Howard con sus padres era cobarde, como con casi todo, y no tuvo el valor de decirles que su futura esposa era divorciada y la obligó a ocultarlo. Pero para ellos la mala era Maissa; sin embargo, ella siempre le hizo saber a Howard que no estaba de acuerdo con esta conducta. Solo ocultó su estado civil porque él se lo exigió. Queriendo ocultar esto, Howard la dejó como una mentirosa ante su familia y fue ella quien en el futuro pagaría las consecuencias.

Después de la ceremonia, algo menos de cien invitados compartieron la celebración con los recién casados. Maissa estaba feliz, aunque las miradas de su ya suegra eran bastante crueles. Aun así, tuvo la fuerza suficiente para dejar ese asunto a un lado y disfrutar de su boda. Eso sí, por aquellas miradas, sabía de sobra que esta mujer ya sabía que ella había estado casada anteriormente y era cuestión de tiempo que eso estallase.

La fiesta se prolongó hasta casi las cuatro de la madrugada. Maissa y Howard se fueron a pasar su noche de bodas al hotel de donde ella salió ese mismo día vestida de novia. Fueron prácticamente los últimos en abandonar la fiesta, pues también habían sido los anfitriones.

Al día siguiente, amanecieron tarde. Cuando aún no habían recogido los enseres de la habitación, los avisaron desde recepción de que los padres de Howard estaban en el *hall*. Maissa tuvo que hacer de tripas corazón y morderse la lengua, pero pensó: «¿Qué coño hace esta gente aquí otra vez?». Por supuesto, no dejó que nadie percibiese su molestia.

Finalmente, también aparecieron el hermano de Howard y su esposa con sus hijos, y acabaron comiendo todos juntos en un restaurante. A Maissa le hubiese gustado iniciar su vida de casada de una manera mucho más íntima, pero pocas veces podría vivir como a ella le gustaría teniendo a Howard por marido.

25

Dos días después de la boda, Howard y Maissa se fueron de viaje de novios. Él fue quien se encargó de organizar el viaje, e incluso eligió el destino; a Maissa se lo dio todo hecho. El destino que escogió no era tan del agrado de su mujer, pero esta vez, de nuevo, decidió callarse, pues el viaje de novios había sido el regalo de boda de su suegro.

Fue un viaje en el que recorrieron distintos lugares de América del Sur, no fue para nada el viaje de sus sueños, por lo menos no para Maissa. Eso sí, disfrutaron de hoteles de lujo, buenos restaurantes, algunas compras. Y ella estaba feliz porque creía que se había casado con el hombre de su vida.

Dos semanas más tarde regresaron. Era domingo y ambos debían trabajar al día siguiente. Estaban en casa, cansados del viaje, y Maissa deshacía maletas y ordenaba ropa. La tranquilidad se acabaría en breve, pues sonó el teléfono. Eran los padres de Howard, que les avisaban de que iban a ir a visitarlos para saber cómo les había ido en el viaje.

Maissa se estaba asfixiando, tenían encima a todas horas a los padres de Howard, y además se veía obligada a poner buena cara.

Un par de semanas después hubo un almuerzo familiar y esta vez los padres de Howard se mostraron más ariscos de lo habitual con ella. Estaba claro que pasaba algo.

Dos días después de ese almuerzo familiar, Maissa estaba en un taxi y sonó su móvil. Era su suegra, quería que se reunieran porque, según ella, debían aclarar un asunto y le pidió a Maissa que no le dijese nada de esa reunión a Howard. Por supuesto, Maissa se negó, ya sabía por su cuñado que los padres de Howard estaban muy molestos porque era una mujer divorciada.

Howard fue muy egoísta y cobarde obligándola a ocultar el asunto de su divorcio. Él no quería soportar las críticas y el chaparrón que, sobre todo, tendría que aguantar por parte de su madre, pues para esta mujer el divorcio era casi un delito. Maissa jamás estuvo de acuerdo con que ocultase este asunto a sus padres, pero a pesar de sus casi treinta y cinco años, él manejaba la relación con sus progenitores casi como si fuese un niño, tratando de ocultar cosas para no enfrentarse a ellos. Evidentemente, en este asunto la agraviada fue Maissa.

Howard le insistía en que la quería y que todo este lío carecía de importancia. Lo malo era que Maissa cayó en la trampa y pensaba que, si se querían, qué importaba todo esto. Pero estaba muy equivocada.

Con el paso de las semanas, los padres de Howard se fueron calmando. De alguna manera, él también se había sentido agraviado por sus padres, lo que hizo que se originara una oportuna distancia, y eso le daría algo de sosiego a la pareja.

Cuando unos meses después parecía que este asunto se había superado, la madre de Howard abrió otro frente, la descendencia. Intentaba hacer comentarios sobre el tema a la menor oportunidad que tenía. No contenta con esto, intentó obtener información sobre la vida íntima de Howard y Maissa a través de terceras personas. Como todos sus intentos fueron infructuosos, empezó a decirles a algunos de sus allegados —que también se podrían considerar allegados de Maissa— que era mejor que su hijo se buscase a otra mujer que le diera descendencia.

Todos estos agravios iban haciendo mella en Maissa, y aunque quería a su marido, cada vez se sentía más decepcionada y asfixiada. Los comentarios de la madre de Howard se volvieron intolerables, eran faltas de respeto. Finalmente, se vio obligada a tomar medidas, así que tuvo que obligar a Howard a tener una conversación sobre esta situación.

Maissa le expuso a Howard que no estaba dispuesta a seguir tolerando las faltas de respeto e incluso las ofensas de su madre, y ya que él tampoco tenía cojones para poner a su madre en su sitio, no le quedaba más remedio que romper la relación con ellos. A Howard no le gustaba la idea, pero era consciente de que sobre todo su madre se había extralimitado y las cosas no podían seguir así, y se vio obligado a aceptar.

Maissa no quería que él rompiese su relación con sus padres y le insistió en que podía y debía verlos siempre que quisiera, pero ella debía permanecer al margen.

Sus padres, por supuesto, nunca entendieron esta nueva situación, pero qué iban a entender. Eran personas soberbias y déspotas que se creían dueños de la verdad absoluta. Además, aspiraban a que sus hijos y nueras les rindiesen pleitesía, y Maissa estaba muy harta de este asunto, sobre todo porque jamás le había rendido pleitesía a nadie y no consideraba que los padres de Howard merecieran nada de eso por parte de ella. Con todos los desplantes y humillaciones que había recibido, ya le importaba muy poco o más bien nada lo que los padres de Howard pudieran pensar sobre ella.

Pasó algún tiempo hasta que Howard se calmó, y la distancia que Maissa había logrado poner con sus suegros hizo que las cosas entre ella y su marido empezarán a ir mucho mejor. Por fin empezaban a atravesar una buena racha en todos los sentidos.

Cuando todo esto se desató, Cloe, la íntima amiga de Maissa, y sus padres, Delia y Conrado, se pusieron de su lado y la tomaron bajo su protección, en especial Delia, cosa que sentó profundamente mal a los padres de Howard, fundamentalmente a su madre. Eso llevó a Maissa a estrechar lazos con Cloe y toda su familia. A su vez, tenía un nuevo proyecto profesional entre manos, ya llevaba algo más de un año trabajando en ello por su cuenta, hasta que decidió formalizarlo.

Había decidido que no quería más socios, que llevaría a cabo su proyecto ella sola. Aunque ya trabajaba como joyera y distribuidora de gemas, decidió formarse en la materia, y durante un año y medio estudió joyería a la vez que trabaja en el sector. Fueron tiempos de mucho esfuerzo, mucho trabajo y pocas horas libres, pero Maissa se sentía feliz con su labor.

Empezó a tener una potente red de relaciones comerciales, y algunos de sus clientes y proveedores acabarían convirtiéndose en amigos suyos, así que también fue creciendo socialmente.

26

Desde que Maissa se casó con Howard, se concentró tanto en labrarse un futuro y una vida junto a él que pasó varios años sin volver a España, aunque siempre siguió manteniendo el contacto con sus amigos y familiares.

Un día se dio cuenta de que no sabía nada de Neda, su gran amiga, y empezó a preocuparse. Intentó hablar con ella reiteradas veces, pero no lo consiguió, hasta que un día recibió una llamada suya. Fue una de las llamadas más tristes que recibió, pues Neda le contó que Rodrigo había fallecido en un accidente, que muchas veces había escuchado los mensajes que Maissa había dejado en su contestador, pero no había tenido el valor de decirle que Rodrigo había fallecido.

Maissa se quedó en *shock* por unas horas. Al día siguiente, ya más calmada, decidió que tenía que ir a visitar a Neda, sentía una necesidad imperiosa de verla, abrazarla y pasar tiempo con ella.

Hizo coincidir su visita a España con un viaje de trabajo que tenía a Ginebra. Primero pasó una semana en casa de Neda, a ratos lo pasaron muy bien, pues llevaban mucho tiempo sin verse, y por momentos pasaron ratos muy duros. Neda aún estaba atravesando el duelo de la pérdida de Rodrigo, las cosas de él seguían en su casa, en su sitio, y a ratos los recuerdos también invadían a Maissa. Aunque Neda hacía todo lo posible por sobreponerse a la situación.

La semana que pasaron juntas se les hizo muy corta a las dos. Durante esa semana Maissa aprovechó también para ver a un montón de amigos y conocidos que llevaba años sin ver. Se quedó con ganas de más, aquella visita le resultó insuficiente.

A la semana siguiente Maissa viajó a Ginebra, tal y como tenía planeado, ya que tenía prevista una exposición de joyas en el país helvético, que había estado preparando durante meses, y de paso visitaría a su hermana, Lara, que seguía residiendo allí.

Cuando se reencontró con Lara se enteró de que estaba atravesando una etapa de transición, trabajaba en un banco de inversión en Ginebra y había pedido su traslado a Madrid. Y su novio, aquel chico egipcio con el que tenía una relación desde sus años de universidad, también estaba por salir de su vida.

Lara no disponía de demasiado tiempo libre; sin embargo, ayudó a Maissa con los preparativos de la exposición. Entre los preparativos y la exposición de joyas fueron dos días y medio de trabajo, así que después le quedaron unos días para poder disfrutar de Ginebra.

Todos los días salía del apartamento de Lara e iba camino de la Rue de la Confederation, una de las arterias principales de la ciudad. Se paseaba, hacía algunas compras, tomaba algo y disfrutaba del sol, pues era primavera. Algunos días Lara pudo escaparse del trabajo para comer con Maissa, y otros días comía sola. Eso sí, cada noche salieron a cenar y a tomar algo, intentando disfrutar del poco tiempo que tenían para estar juntas.

Ahí Maissa empezó a tomar conciencia de cuánto echaba de menos el que había sido su modo de vida. De lunes a jueves, ella y Howard no salían nunca, y los fines de semana Maissa tenía que ingeniárselas para proponerle planes; si no, él se quedaba en casa escuchando música, viendo televisión o haciendo cualquier cosa en el ordenador. Maissa quería a Howard; sin embargo, la vida a su lado le resultaba extremadamente monótona.

Ese viaje a Europa removió muchas cosas en su interior, habría un antes y un después en su vida. Aunque Maissa había encontrado una cierta comodidad en el país de Howard, había demasiadas cosas que la rodeaban que no eran de su agrado. Inconscientemente, empezó a comparar su actual vida junto a Howard con su anterior vida en Europa. Tenía el corazón dividido.

En Europa siempre había disfrutado de un alto nivel de vida y mucha actividad social. Comenzó a echar de menos a muchas personas, cosa que hasta entonces no le había sucedido. Intentó concentrarse en su trabajo y dejar a un lado la crisis interna que vivía, y por el momento no le dijo nada a su marido. Su trabajo en el mundo de la joyería estaba empezando a darle buenos frutos y grandes satisfacciones. Intentó aferrarse a eso.

En aquella época compartía oficina con Cloe. El hecho de salir de la zona residencial en la que vivía con Howard y acudir cada mañana a su oficina, que estaba en una zona mucho más comercial y animada, era un gran alivio para Maissa. La zona donde vivía con su marido, para su gusto, era demasiado residencial, la gente se movía en coche, había pocos viandantes, no había una gran oferta de bares y restaurantes.

Maissa intentaba llevar la vida junto a Howard lo mejor que podía. Lo quería, pero la vida junto a él distaba mucho de lo que ella entendía por una buena vida. Todos esos factores, sumados a la insistencia por parte de algunas personas sobre por qué no tenían descendencia, no hacían más que agravar el desencanto de Maissa hacia el entorno que la rodeaba.

Acudía todas las mañanas de lunes a viernes a su oficina, desde donde iba a visitar clientes y talleres y solventaba temas de papeleo relativos a su negocio. La mayoría de los días Maissa y Cloe comían juntas, pues además de compartir el espacio de trabajo eran grandes amigas. Muchos viernes se escapaban a la hora de comer sin ninguna intención de regresar por la tarde, salvo que alguna de las dos tuviera algo urgente. Lo pasaban muy bien juntas.

27

El verano llegó de nuevo. Ese año Maissa iba con muy pocas ganas a la casa de la playa, y es que el hecho de tener que compartir tiempo con los padres de Howard se le hacía muy difícil.

A los pocos días, Maissa vino a enterarse de que su suegra no solo hablaba mal de ella con sus amistades, sino que esta vez también había empezado a hacerlo con familiares, con sus otros hijos y con su otra nuera. La esposa de su cuñado se sintió tan incómoda que se vio obligada a contarle a Maissa todo lo que estaba sucediendo a sus espaldas. Howard había intentado ocultarle esta situación, pues sabía que si se enteraba tomaría medidas muy drásticas.

Maissa tomó la determinación de enviarles al padre y al hermano de Howard un comunicado explicando que tenía sobrados motivos para romper totalmente la relación con ellos, no podía seguir siendo hipócrita y tolerar que dijesen de todo a sus espaldas.

Casualmente, unos días más tarde el padre de Maissa la llamó por teléfono para decirle que hacía tiempo que no se veían y que los invitaba a un viaje a Europa, así se verían y pasarían tiempo juntos. Empezaron a preparar su viaje, y el hecho de haber cortado por completo la relación con los padres de Howard le aportó paz.

En primavera pusieron rumbo a Europa. Primero pasaron unos días en Madrid con el padre de Maissa, después él decidió invitarlos a pasar unos días en Marruecos, que era el país donde tenía negocios en aquel momento.

Howard apenas conocía a su suegro; en total, habrían cenado unas tres o cuatro veces juntos en buenos restaurantes de Madrid. Aunque el padre de Maissa no estaba muy contento con la pareja que había elegido su hija, durante los días que estuvieron en Marruecos no hizo más que agasajarlo. Para que el matrimonio estuviera a gusto y tuviese intimidad, el padre de ella decidió alojarlos en un lujoso hotel y se hizo cargo de las facturas de su hija y su yerno. Les puso un chófer a su disposición para que pudieran visitar todo aquello que deseaban.

Howard no entendía nada. Sin embargo, para Maissa era todo muy normal, su padre era un hombre pudiente y espléndido y solo quería que su hija estuviese bien. En cambio, a Howard todo esto le chocaba, pues aunque sus padres eran ricos no se comportaban como tales y tampoco disfrutaban en exceso de la vida, justo al revés que familia de Maissa, que lo hacía continuamente.

También aprovecharon el viaje para visitar alguna capital europea, pues Howard no conocía demasiado el continente.

Con mucha pena, Maissa regresó a su casa con Howard al otro lado del mundo. Su padre le había hecho recordar lo bien que ella vivía en Europa, y no pudo evitar sentirse triste.

A las pocas semanas de volver de viaje, a Howard le propusieron un nuevo trabajo en otra empresa, con un cargo mucho más alto que el que había tenido hasta entonces y mucho mejor remunerado. Aceptó el puesto y rápidamente se incorporó a su nuevo empleo. Esta nueva etapa trajo consigo muchas cosas nuevas, nuevas relaciones, más vida social. Howard pareció sentirse muy bien con el cambio, y eso se notó en su relación con Maissa.

Hasta ese entonces, Maissa había vivido muy desconectada de España, su país, y de su cultura. Durante todos esos años había logrado entablar amistades y relaciones profesionales con gente local. Unas semanas más tarde, una amiga de ambos le comentó a Maissa que se había enterado de que había una enorme colonia española que trabajaba en distintas empresas y vivía en la ciudad con sus familias. Y, por lo visto, en breve iban a dar una fiesta con motivo del 12 de octubre. La idea le sonó a música celestial, así que revolviendo un poco consiguió dos invitaciones para la fiesta, una para ella y otra para Howard.

La fiesta tuvo lugar en la casa de un compatriota. Allí conoció a muchos españoles, entre ellos tres señoras que fueron muy amables y le contaron a Maissa que se reunían una vez por semana en una conocida cafetería. Maissa se mostró entusiasmada y a la semana siguiente decidió acudir a esta reunión, quería ver qué había, cómo era, y conocer al grupo.

Fue toda una sorpresa. Era un grupo extenso, había mujeres de todas partes de España y continuamente organizaban actividades para reunirse y ocupar su tiempo, ya que la mayoría no trabajaba. Esto le abrió un mundo nuevo, empezó a conocer mucha gente, a acudir a muchos actos sociales, a entablar nuevas relaciones. Todo esto le aportó mucho a Maissa, tanto a nivel personal como laboral. A Howard al principio le agradó la idea y la alentaba a participar en todo.

En cierto momento, tanto la vida de Howard como la de Maissa entraron en una vorágine social y de trabajo. De lunes a viernes, Howard vivía abocado a largas jornadas de trabajo en su oficina, se marchaba pronto por la mañana y era raro el día que regresaba a casa antes de las nueve o nueve y media de la noche, excepto los viernes, que intentaba salir algo más temprano para así poder salir con su mujer o con algunos amigos a cenar a algún buen restaurante. Por su parte, la carga laboral de Maissa había crecido bastante, así como su agenda social.

Durante aquella etapa, viajaron bastante, a Europa, Estados Unidos, países de América del Sur, África... La relación con los padres de Howard ya no era tan tensa, ocasionalmente Maissa los veía en alguna comida familiar y tenían un trato meramente protocolar. Pero estaba claro que ellos no estaban cómodos, y Maissa tampoco. Evidentemente, hacían ese esfuerzo por su hijo. El tiempo y su intuición le acabarían dando la razón a Maissa.

Ocasionalmente, su suegra volvía a sacar el tema de los hijos, el cual siempre le achacó a ella, pero lo que no parecía saber o sencillamente no deseaba admitir era que su hijo nunca había estado plenamente convencido de tener descendencia, al menos con Maissa. Esta hacía tiempo que tenía muy claro que nunca tendría un hijo con Howard, sobre todo porque no lo veía convencido y, además, veía claramente que si hubieran tenido descendencia, habría sido ella la encargada de criar a ese niño o esa niña, un modelo de crianza a la antigua, y Maissa no estaba dispuesta a tanto sacrificio. Ella nunca sintió la llamada de la maternidad y siempre fue honesta consigo misma y con los demás respecto a este asunto.

Incluso hubo gente que comentaba que Maissa no tenía buenas reacciones con los sobrinos de Howard. Eso no era así, sencillamente pasaba de ellos porque le interesaban poco, pero jamás tuvo malas reacciones hacia ellos. Tanto Howard como Maissa estaban demasiado ocupados con sus vidas; por lo tanto, tener o no tener hijos no era un asunto para ellos en aquel momento.

Probablemente, aquella fue la mejor etapa que Maissa vivió junto a Howard, incluso se mudaron a una casa más grande y en mejor zona, mucho más del agrado de ella. Esta racha duró unos seis años y se podría definir como la etapa más feliz de Maissa al lado de su marido. Todo se iba desarrollando con bastante normalidad, salvo por una cosa: en su fuero interno, Maissa echaba cada vez más de menos su país.

28

Un día, en la reunión semanal que tenían las españolas, apareció una señora nueva. Estaba recién llegada, se llama Malena. Era la primera vez que Maissa coincidía con ella, se cayeron bien mutuamente, tuvieron química. La pena era que tenía previsto marcharse en un par de semanas a España, se quedaría allí una larga temporada y no tenía planes de volver hasta pasada la Navidad. Maissa sintió cierta pena, pues le había caído muy bien. Poco tiempo después, ambas se volvieron a reencontrar y, sin saberlo, Malena se convertiría en alguien muy importante en la vida de Maissa.

Llegó otro verano más, y aunque de manera muy distante, Maissa retomó algo el trato con sus suegros. Lo hacía estrictamente por su marido, pero intentaba mantener la distancia y cuidarse las espaldas, pues era consciente de que aquella situación era demasiado forzada incluso para los propios padres de Howard.

En el año 2011, la vida de Maissa y Howard dio un giro inesperado. La empresa en la que había trabajado Howard en los últimos años sufrió grandes cambios a nivel de dirección y eso lo salpicó a él. De la noche a la mañana Howard se quedó sin trabajo. Al principio, pareció llevarlo bien, pero siempre le reprochó a Maissa que su primera reacción no fuera buena. Sin embargo, ella solo le dijo:

—Vámonos a España.

Y lo hizo pensando en que su padre era un hombre de negocios y podría ayudarlo a reubicarse. Nunca hubo otra intención en las palabras de Maissa más que esa.

Al principio Howard intentó mantener la calma, le dieron una buena indemnización y le proporcionaron los servicios de una consultora para intentar reubicarse profesionalmente. Cuando se quedó sin trabajo era verano, así que dijo que se tomaría un tiempo y que, una vez acabara el verano, se pondría a buscar trabajo. Maissa entendió perfectamente este punto, él necesitaba tiempo para calmarse y asumir su nueva situación.

Casi sin darse cuenta, la actitud de Howard hacia Maissa en pocas semanas fue cambiando: quería controlar todo lo que ocurría en casa, con demasiada frecuencia increpaba a Maissa sobre temas relacionados con las tareas domésticas y lo hacía de manera bastante hosca. El hecho de que tuviese tanto tiempo libre le llevaba a querer pasar largos fines de semana en la casa de la playa de sus padres, y eso pertenecía a una etapa anterior que Maissa no tenía ganas de revivir, pues en los últimos tiempos habían ido bastante poco por allí. Pero si Maissa quería estar al lado de su marido, no le quedaba más remedio que ir a aquella casa.

Su madre volvió a la carga, haciendo comentarios desafortunados sobre Maissa y todo lo concerniente a ella. Esta cada día tenía menos tolerancia a la situación. A su vez, Howard, con la falta de ocupaciones, empezó a inmiscuirse en asuntos domésticos que hasta entonces Maissa resolvía perfectamente sola.

Maissa empezó a detestar su vida, estaba harta del entorno que la rodeaba, harta del trato que recibía por parte de su suegra y, a su vez, su relación con su marido atravesaba momentos muy bajos. Maissa empezó a sentirse profundamente sola y asfixiada en un círculo donde no se le permitía ser ella misma.

Muchos jueves, cuando Howard le decía que quería ir a pasar el fin de semana a la playa, a Maissa se le ponían los pelos de punta. Era volver a revivir el pasado. La madre de Howard opinaba de todo y se entrometía en todo, pero esta vez Maissa ya estaba muy cansada y no tenía tolerancia para aguantar los comentarios de su suegra. Empezó a aplicar estrategias para evitar a esta mujer dentro de su propia casa.

Cuando toda la familia se juntaba a desayunar en el comedor, y eran desayunos largos en los que todos se sentaban en una mesa y pasaban más de hora y media desayunando y hablando, Maissa permanecía en su cama, haciéndose la dormida. Cuando tenía la certeza de que la madre de Howard se había ido a pasear o a misa, el padre de este estaba en el porche leyendo la prensa del día y nadie del personal de servicio andaba por ahí merodeando, se levantaba de la cama, iba a darse un baño y se vestía. Por suerte contaba con baño dentro de la habitación y, aprovechando que la habitación que ocupaban Howard y ella se encontraba en la planta baja de la casa, salía por la ventana y dejaba la puerta de la habitación abierta para que el servicio viera claramente que no quedaba nadie y que podía pasar a limpiar. Maissa se hacía humo, salía de la casa sin que nadie se enterase.

Luego se dirigía al Club House, donde había una pequeña bodega, que estaba próxima a la piscina, y allí compraba una Coca-Cola Light, a veces también un paquete de galletas saladas, y se sentaba en algún lugar a desayunar tranquilamente, sola, en silencio, sin gritos, sin comentarios agresivos por parte de nadie. Cada vez pasaba más tiempo sola.

Después empezaba a andar por el malecón, que unía las distintas urbanizaciones. Muchas veces, durante esos paseos, Maissa encontraba gente conocida que le proporcionaba unos minutos de conversación agradable. Recorría el malecón de un extremo a otro de ida y de vuelta, hasta que regresaba a donde estaba la casa de playa de la familia de Howard. Todo esto le ocupaba unas dos horas, de esa manera conseguía matar parte de la mañana. Al menos, así tenía algo de espacio para ella.

Después iba a la sombrilla en la parte delantera de la playa que correspondía a la casa familiar, y cuando solía aparecer por allí ya era alrededor de la una. Para esa hora, Howard llevaba allí un buen rato sentado en su tumbona.

Todo iba bien si la madre de Howard no hacía acto de presencia, pero si aparecía, se acababa la paz, acaparando la conversación y hablando tan alto que las demás personas que se encontraban en las sombrillas de alrededor acababan por enterarse de la vida de toda la familia.

En cuanto llegaba su suegra, algunas veces iba a darse un baño en el mar, con el fin de ahorrarse comentarios y chismes, y otras se acercaba a la orilla y empezaba a caminar, dando un largo paseo para ganar tiempo y evitarse algún comentario incómodo.

Casi siempre, a eso de las tres, solía aparecer la cocinera informando a Howard que la comida estaba lista. Maissa nunca podría olvidar la expresión que utilizaba la cocinera: «Joven Howard, su mamá lo llama a almorzar». Era un sinsentido, incluso el servicio se dirigía a él como si se tratase de un chiquillo, y por extensión a Maissa, que no sabía si reír o llorar. Sentía que sus suegros los trataban como niños, y eso que por aquel entonces Howard pasaba ya de los cuarenta. A ella le molestaba muchísimo que su marido permitiera ese trato de sus padres, cada vez lo veía menos hombre.

Al principio lo habló con Howard, se quejó y le manifestó su desagrado, pero vio que no lograba nada y que todo seguía igual.

En cierto momento, Maissa empezó a dejar de hablar, incluso con Howard; tan solo veía, oía y callaba.

Cuando la cocinera se daba media vuelta y regresaba hacia la casa, Howard, Maissa y todos los que estuvieran bajo la sombrilla en aquel momento empezaban a recoger cosas, toallas, picoteo, nevera, bebidas y un sinfín de trastos. Y se veían obligados a dejar la playa para regresar a casa a comer. Maissa ya sabía que podía dar por terminado el día de playa.

Las comidas con los padres de Howard eran largas, ceremoniales, abundantes y cuando la comida terminaba, generalmente, eran ya más de las cinco de la tarde y apenas quedaba sol, pues en América del Sur es sabido que, aunque sea verano, anochece pronto.

Después del almuerzo venían unas horas de tedio y aburrimiento, pero de libertad. Howard solía encerrarse en la habitación a leer o escuchar música. Sus padres solían hacer siesta, y Maissa aprovechaba para pasear o ir a visitar a algún conocido o conocida en otra casa de playa, pero siempre sola. Por las noches, intentaba quedar con algunos amigos para salir a cenar, tomar una copa o incluso salir a bailar; a veces lo lograba, pero otras veces no.

Si Maissa se las ingeniaba para quedar con alguien, se podía decir que era un rato agradable de esparcimiento con gente de su edad y podían disfrutar por un rato. Pero Howard siempre quería regresar pronto a casa, a veces parecía que le molestase ver a los demás divertirse, y en especial a Maissa. Esta se veía obligada muchas veces a marcharse siguiendo los deseos de Howard y se iba frustrada, aunque intentaba disimularlo al máximo.

Cuando el verano llegaba a su fin, una de las ilusiones de Maissa era que su agenda con la colonia española se reactivaba.

29

Otro verano más que se acababa, este había sido especialmente largo e intenso, porque el calor y el buen tiempo se prolongaron mucho, pero sobre todo influyó el hecho de que Howard no tuviese trabajo y quisiera pasar largos fines de semana en la playa, incluso días entre semana.

Maissa acudió a la primera reunión semanal del grupo de las españolas después del verano y se llevó una gran sorpresa: Malena, la mujer que unos meses atrás había coincidido con ella, estaba de vuelta. Rápidamente se intercambiaron los números de teléfono y ahí mismo también se enteraron de que vivían en el mismo distrito de la ciudad y a no demasiada distancia.

Maissa y Malena empezaron a frecuentarse, sobre todo por las tardes, que era cuando Maissa ya había acabado su jornada laboral. Quedaban a tomar café, a merendar, a pasear, cualquier plan era bueno con una amena conversación.

A los pocos días quedaron con el objetivo de que sus maridos se conociesen. Maissa les presentó a Howard y Malena les presentó a Pablo. Sus nuevos amigos habían venido a la ciudad por dos años, aunque luego se quedaron algo más. Pablo tenía un cargo oficial, y Malena había venido a acompañarlo.

Sin buscarlo, pronto entablaron una relación bastante estrecha, al punto de que Pablo y Malena llegaron a conocer a varias personas del círculo de Howard, incluyendo algunos familiares.

El verano terminó y hubo que empezar a hacer frente a la realidad, en especial Howard, que por el momento no mostraba indicios de qué pensaba hacer para reubicarse profesionalmente.

Le surgieron algunas entrevistas, pero nada llegaba a concretarse, nada le parecía suficiente y siempre había un pero, cuando no era la remuneración, era la empresa, y cuando no, el posible superior al que tendría que reportar. El desánimo y el cansancio iban haciendo mella en Maissa.

Con el paso de las semanas, Howard empezó a darse cuenta de que reubicarse con unas condiciones similares a las que había tenido iba a ser bastante difícil. Entonces comenzó a ponerse muy nervioso y la tirantez entre él y Maissa iba cada día a más.

Ella no era feliz, echaba de menos Europa, sentía el desprecio de su familia política. Howard estaba agobiado por no encontrar un trabajo a su medida y sentía que Maissa ya no le hacía feliz, porque, según él, no tenía suficiente paciencia.

Maissa se vio obligada a aguantar muchas críticas, comentarios ácidos y desplantes por parte de Howard, el hombre al que tanto había querido, y encima estaba el asunto de la familia política. Su situación se iba complicando día a día. Maissa se sentía en un atolladero sin salida. Pobre ingenua, pensó que a Howard un cambio de aires le sentaría bien y le animó a pasar el verano en Europa, ya que quizás el padre de Maissa podría ayudarlo a conseguir algún trabajo.

Howard accedió a pasar una temporada en Europa coincidiendo con el verano, Maissa quería mostrarle cómo se vivía allí, como años atrás hizo él con su país. Para ella era lo justo, sentía que era algo que su marido le debía. Se preguntaba por qué tenía que ser ella siempre la que cediera y tuviera que dejar su vida atrás. Aquella relación llevaba años siendo una relación con desequilibrios muy serios, y siempre o casi siempre hasta la fecha la balanza se inclinaba a favor de Howard.

No obstante, Howard les hizo creer a todos que era receptivo a pasar una temporada en Europa, pero en el fondo fue un engaño para ganar tiempo. Se pasaba el día haciendo comparaciones, y lo del otro lado era siempre mejor.

Con el fin de que Howard estuviese a gusto, Maissa organizó varias actividades, como una visita a casa de Pablo y Malena, pues eran personas que él también conocía. Y ellos estaban disfrutando del verano en Europa, los recibieron en una bonita casa de campo que tenían y fueron muy corteses, incluso cuando Howard no les correspondía con la misma cortesía.

Pasaron tres días con ellos y ya se sabe que cuando la gente comparte casa es cuando se conocen bien los unos a los otros. Ahí fue cuando Malena y Pablo se dieron cuenta de que el trato que Howard le dispensaba a su mujer era bastante malo.

Luego viajaron hasta Marruecos, donde pasaron unos días con el padre de Maissa, quien, como siempre, fue espléndido con ellos, los alojó en un hotel de lujo y les dejó un chófer y coche durante su estancia. Lo triste fue que Howard nunca hizo el más mínimo esfuerzo por sentarse y entablar una conversación con su suegro, y cuando lo hacía era por obligación, estaba ahí a regañadientes; sin embargo, él le exigía a Maissa que cumpliese con su familia y además los tenía que tratar bien, a pesar de sus desplantes.

Durante este viaje se pusieron de relieve muchas cosas que antes no habían aflorado y Maissa se llevó la peor parte. Cuando Howard se percató de que ella tenía a su lado personas que la defendían y la querían, y que no estaba tan sola como él creía, aprovechaba cualquier oportunidad para ponerla en evidencia.

Esta temporada que pasaron en Europa rodeados de los amigos y familiares de Maissa, Howard fue sacando a la luz su verdadera personalidad, empezó a demostrar su egoísmo sin reparos, a mostrar lo poco dispuesto que estaba a hacer algo por ella. A Maissa empezó a pesarle cada día más todo lo que había hecho por este hombre, hasta que llegó un día en que era muy difícil de llevar. No daba para más, esta vez Maissa regresó a casa junto a Howard llorando, no podía más, se veía a su lado en su país y él sin un trabajo. Siempre y de manera continua era ella quien perdía.

Al poco tiempo de volver de Europa, Howard salió con la idea de que debían viajar a Cuzco, en Perú, pues Maissa no lo conocía. Lo cierto era que Maissa nunca mostró mucho interés por esos lugares porque la altura no le sentaba bien. Él sabía que jamás viajaría a un lugar como Cuzco solo con él, así que convenció a Malena y a Pablo para que los acompañasen en el viaje.

Organizaron un viaje de cuatro días, se alojaron en un lujoso hotel en el centro de Cuzco, llegaron allí un viernes. Al principio parecía que Maissa podía manejar la altitud, pero al día siguiente, cuando intentó levantarse de la cama, todo había cambiado. No se sentía nada bien. Aun así, ella y Howard bajaron a desayunar. Pablo estaba solo en una mesa del comedor donde se servía el desayuno y les dijo que Malena estaba algo indispuesta y estaba en la cama descansando.

Según fue pasando la mañana, Maissa se fue sintiendo cada vez peor, hasta que cayó desmayada en mitad de la calle. La llevaron a su habitación en el hotel y la conectaron a una bombona de oxígeno. Eso la hizo mejorar, pero en cuanto se separaba de la bombona de oxígeno y volvía a la calle empeoraba. Y así se pasó todo el sábado.

El domingo tenían planeado ir a visitar unas ruinas que estaban a las afueras de Cuzco y a mayor altura, y la mezcla de altura y curvas resultó fatal para Maissa. Acabó desplomándose en el suelo, convulsionando. Malena y Pablo fueron quienes se hicieron cargo de ella en esos momentos. Howard, según dijo, tenía cosas que conocer y nada podía hacer por Maissa, a quien dejó a cargo de ellos.

Maissa sobrevivió al domingo como pudo. El lunes regresaron a casa y Cuzco quedó atrás. Con unos días de descanso quedó todo en un susto, pero la decepción que Maissa sentía por su marido era cada vez más profunda. Su cabeza pasó varios días dando vueltas, poco a poco y en su interior, sin comunicárselo a nadie, Maissa fue tomando conciencia de su cruel soledad en aquel entorno.

A raíz de todo esto, Malena se volvió la confidente de Maissa, su paño de lágrimas, y cada vez pasaba más tiempo con su amiga y Pablo.

A las pocas semanas de regresar de Cuzco, Howard seguía sin encontrar trabajo, así que decidió asociarse en un negocio con un amigo suyo. Maissa pensó que así tendría una ocupación y las cosas entre ellos mejorarían, pero no fue así.

Howard montó una oficina en casa y dirigía este nuevo proyecto desde allí, por lo que cada vez salía menos de casa. Su vida se volvió muy rutinaria: gimnasio, casa, gimnasio. Una vez por semana seguía manteniendo el hábito de ir a comer a casa de sus padres. Y Maissa intentaba mantener la vida social de la pareja quedando los fines de semana con algunos amigos.

Se sentía muy agobiada, infeliz y desplazada. A cada poco se preguntaba a sí misma qué coño hacía al lado de Howard si nada funcionaba. Y además ya venía demostrando desde hacía un tiempo atrás que Maissa le importaba muy poco o más bien nada.

A fin de mantenerse ocupada y no pensar demasiado, decidió aumentar su carga de trabajo y empezó a sociabilizar cada vez más con la gente de la colonia española. Maissa quería evitar a toda costa más roces y más broncas con Howard. La rutina se fue acomodando, pero el matrimonio estaba cada día más distanciado.

Ese año, después de pasar más de diez años sin ir a Europa a pasar la Navidad, Maissa ya estaba demasiado cansada y decepcionada. Ya no se esforzó por poner buena cara a nadie, le empezaba a dar igual todo y todos.

Terminando la Navidad, empezaba otra temporada de playa, y cada vez le resultaba más difícil mantener la cordialidad y hacer ver que todo iba bien, como así le gustaba que fuese a la familia de Howard, ya que vivían de la apariencia.

Maissa empezó a tener muchas ganas de hacer una parada y mandar todo a la mierda.

30

En febrero, después de muchos meses, Maissa decidió llamar a una íntima amiga suya que vivía en la misma ciudad donde había residido ella en España. Fanny se llevó una gran alegría cuando recibió su llamada.

Maissa pudo notar en la voz de su amiga lo contenta que estaba al oírla. Le contó que Daniel, su hijo, y Lucía, su novia desde hacía años, iban a casarse. Maissa sintió una gran alegría y le dijo que por nada del mundo se perdería esa boda. Para ella fue la excusa perfecta para alejarse unos días de Howard y la triste vida que llevaba junto a él.

Pero antes de la boda, Maissa tendría que pasar un amargo trago: Pablo terminaba su servicio y regresaba a Europa. Tendría que acostumbrarse a vivir sin Malena y Pablo, aunque sabía que podría contar con ellos siempre.

Finalmente, viajó para la boda de Daniel sin Howard, necesitaba aire. El reencuentro con su entorno y los planes de viaje animaron su alicaído estado de ánimo. Cuando regresó a su país se sintió feliz, compró unos días de felicidad, lejos de esa vida gris que tenía junto a su marido.

La boda de Daniel y Lucía fue una celebración íntima, pero muy animada. Había mucha gente joven, pues los novios eran jóvenes.

Maissa por unas semanas se sintió muy bien, estaba en su mundo, lejos de muchas presiones. El tiempo pasó demasiado rápido y hubo que regresar, dejar el verano español para regresar al invierno y a su vida junto a Howard.

Esos días alejados el uno del otro les hicieron acercarse un poco nuevamente. Esta vez venía dispuesta a no dejarse comer el terreno y le propuso ir a pasar Navidad a Europa. A fin de cuentas, era un derecho, ella llevaba diez años pasándola junto a la familia de él. Y aunque no lo esperaba en absoluto, Howard aceptó la propuesta.

Hasta la fecha, Howard se escudaba en que la familia de Maissa estaba desperdigada y que por fin iban a ir a Europa a pasar Navidad; sin embargo, él tenía un núcleo familiar bien constituido. Al menos, eso era lo que él creía, pero su familia distaba mucho de ser una familia bien avenida.

Apenas transcurrieron cuatro meses entre un viaje a Europa y el siguiente. Eso le dio ánimo a Maissa para seguir adelante, saber que aquella Navidad no tendría que vivirla rodeada de su familia política y bajo sus costumbres era un gran alivio para ella. Esos meses pasaron rápido, llenos de eventos sociales y trabajo: la campaña de Navidad del negocio de las joyas de Maissa, el Rastrillo, el día de la fiesta nacional de España en la residencia oficial del embajador… Daba la impresión de que las cosas mejoraban, pero fue solo algo temporal.

Esa Navidad fue toda una experiencia para Maissa, hacía muchos años que no vivía estas fechas de esa manera. Muchas sensaciones de antaño llenaban su cabeza y su alma. Primero pasaron unos días alojados en Madrid, en un hotel del Barrio de Salamanca. A Maissa le emocionó ver la iluminación navideña, que llevaba años sin ver. Fueron a la Plaza Mayor y pasearon por las calles más céntricas de la ciudad. Llevaba tanto tiempo sin hacerlo que no cabía en sí de gozo.

Una noche aprovecharon para cenar con Krystel, que, aunque su vida había sufrido grandes cambios, jamás había perdido el contacto con Maissa. Cada vez que coincidían disfrutaban de su compañía, tenían mucha empatía y pasaron grandes momentos juntas. Hasta el día de hoy sigue siendo así.

El ambiente navideño flotaba en el aire. Maissa volvió a hacer cosas que hacía muchos años no hacía. Todo esto estaba adormecido en su memoria y revivirlo fue casi mágico. Pasear por calles llenas de gente e iluminadas, salir de vinos con sus amigos, comer la comida típica de España en Navidad, celebrar los Reyes Magos, comer roscón e ir a la cabalgata de Reyes. Hacía más de diez años que Maissa no podía hacer esto.

Howard regresó solo a casa, y ella decidió quedarse casi un mes más. Estaba muy saturada de su vida junto a su marido.

Después de Reyes, Maissa y su hermana, Lara, decidieron pasar unos días junto a su padre. Tenía una profunda necesidad de pasar más tiempo entre su gente, en su país, y además así acortaba el verano al otro lado del océano y, en consecuencia, evitaba tener que acudir a la casa de playa de sus suegros y estar en compañía de personas que en el fondo no la apreciaban.

Un mes después del regreso de Howard, Maissa volvió a su casa junto a su marido. Ya no soportaba más aquella vida. Tuvo una larga conversación con él, y le dijo que si ese verano pretendía seguir yendo a la casa de playa de sus padres, había cosas que debían cambiar, tenían que intentar tener una vida más independiente, apartada de sus progenitores.

Al principio Howard lo intentó, pero duró poco tiempo. La presión y la manipulación que ejercían sobre él sus padres eran muy grandes, así que ese intento duró poco tiempo.

Ese verano Maissa le dejó muy claro que ella iba a regresar a vivir a Europa, con o sin él. Se quedó impactado y nunca creyó que lo fuese a dejar.

31

A raíz de los últimos acontecimientos, la relación entre Howard y Maissa entró en una especie de bálsamo, donde nadie quería decir nada al otro para evitar las discusiones. Cada uno por separado iba rumiando sus ideas. Ninguno quería pelear con el otro, la pasión había desaparecido y Howard debió de creer que Maissa no se daba por enterada. Sin embargo, ella era muy consciente de que su marido flirteaba con otras mujeres. Solo se hacía la tonta, aunque sabía mucho más de lo que Howard pudiese imaginar.

Siendo sincera, le había cogido asco a su marido como hombre. Maissa ya no veía al hombre del que se enamoró. Ella hacía lo propio para satisfacer su carencia afectiva, pero tenía la decencia de hacerlo a miles de kilómetros, y no como hacía Howard, que flirteaba con las mujeres que tenía alrededor, en el trabajo, en el gimnasio, donde surgiese. Maissa le guardaba respeto y afecto, pero llevaban más de diez años juntos y él no se esmeró por cuidar esa relación.

Aunque tenía ese proyecto con su socio, Howard tenía demasiadas horas libres, veía mucha televisión, pasaba horas en el ordenador… En definitiva, pasaba muchas horas en casa. Por suerte, Maissa seguía con su trabajo y eso la llevaba a tener que salir continuamente a reuniones con clientes, a visitar talleres. Además de su activa vida social.

Un día le sugirió la idea de acompañarla a España ese año en verano, lo cual fue una sorpresa para ella. La organización del viaje, al que se apuntó otra pareja de amigos, corrió por cuenta de Maissa. Ella se marchó casi un mes antes, pues quería aprovechar para estar con los suyos; después Howard y sus amigos se reunirían en algún punto de España con ella.

Viajaron por el sur de España, por Córdoba, Sevilla, Granada, Cádiz, y después pasaron unos días en Madrid, y de ahí fueron al norte, donde los amigos de Howard pudieran compartir tiempo con algunas amistades de Maissa.

Como siempre que volvía a España, su estancia le resultaba demasiado corta. Esta vez, al estar con más gente, aún pasó mucho más rápido. Aunque resultó un buen viaje, con el paso de los días se pusieron de manifiesto las diferentes mentalidades de cada uno y al final resultó un poco desgastante, sobre todo para Maissa, que fue quien se encargó de organizar todo.

La vuelta cada vez le resultaba más dura, y esta vez fue especialmente difícil, pues había estado en su país casi dos meses. En el aeropuerto de Madrid, mientras estaban todos sentados en una cafetería, Maissa ya no pudo contener las lágrimas. Volver a aquella vida que para ellos era tan ideal, perfecta y de gente bien le asfixiaba más cada día que pasaba.

Cuando estaba en su casa con Howard, había días que nada más levantarse se le ponía una presión en el pecho, así que lo de que se asfixiaba no es un eufemismo. Finalmente, tuvo que acudir al médico y se pasó varios años consumiendo Lexatin a diario. Aun así, Maissa intentaba llevar una vida normal, trabajaba, sociabilizaba, atendía su casa y seguía al lado de su marido a pesar de todo.

Muy poca gente sabía de verdad cuál era la situación real de Maissa en su día a día, ella siempre trató de guardar la compostura en la medida de lo posible. Se esforzó por seguir con su rutina, esta vez sabía que en Navidad no se podría ir como hizo el año anterior, pues ni Howard ni sus padres iban a admitir dos Navidades seguidas en España, y como siempre a Howard le faltaría valor para encarar a sus padres, a pesar de sus cuarenta y tres años, y habría que quedarse allí.

Maissa tenía muy claro en su fuero interno que esa sería su última Navidad junto a Howard y su familia, y así fue.

El proyecto que Howard había iniciado con su socio un año atrás iba bien, pero demasiado lento, así que empezó a agobiarse y, en consecuencia, a agobiar a Maissa. A las pocas semanas le surgió una oportunidad laboral en el sector financiero, cuando menos lo esperaba. Maissa solo pudo pensar: «Qué alivio».

A pocas semanas de la Navidad, Howard se incorporó a su nuevo puesto de trabajo, y Maissa no hacía más que ver que, según se iban acercando las fiestas, sus amigas más cercanas se iban marchando una detrás de otra a pasarlas en España. Y ella allí, sin querer estar allí, rodeada de la familia de Howard, y no solo estaba cada vez más sola, sino que cada día se sentía más sola y desplazada.

El 24 de diciembre llegó y hubo que ir a casa de los padres de Howard. Esa fue la última Navidad que pasó junto a ellos.

Esta vez fue muy distinto, cenaron en su casa por su cuenta a eso de las nueve de la noche; Howard, al igual que Maissa, parecía no estar dispuesto a esperar hasta medianoche para cenar en casa de sus padres. A eso de las once y media, llegaron a casa de los padres de él.

Howard fue incapaz de decirles a sus padres que él y Maissa ya habían cenado en su casa y cenó nuevamente como si nada.

Con tal de evitar una discusión con ellos estaba dispuesto a cualquier cosa. Si sus padres hubieran sabido que Howard ya había cenado, la discusión habría durado horas. Maissa solo se sirvió algo de ensalada para despistar, pero Howard era incapaz de ser sincero, y con sus padres menos que con ninguna otra persona.

Ella estaba harta de tanta hipocresía, no podía más. Todo, absolutamente todo, era una farsa con tal de no herir a su gente, había que tragar lo que fuese.

Una vez que Howard se fue acomodando a su nuevo trabajo se volvió como un niño travieso. Él creía que Maissa no se enteraba de nada, pero qué equivocado estaba.

Cada día que pasaba, la convivencia al lado de su marido se volvía más insoportable, Maissa no veía la hora de largarse. Esos meses fueron extremadamente difíciles, Howard se había vuelto más egoísta de lo que ya era. Mientras, ella tenía que supervisar la casa, atender dos trabajos y, además, aguantar sus malas actitudes hacia ella.

32

Después de esos meses tan duros, Maissa tomó la decisión de marcharse, para poner sus ideas en orden y tomar las decisiones que hubiese que tomar. Así que cuando se aproximaba la primavera en Europa, sacó un billete por tres meses.

Los primeros días tras su llegada a España fueron muy placenteros, se dedicó a asistir a algunos compromisos sociales que tenía en agenda desde hacía meses.

El verano fue llegando, a Maissa cada vez le costaba más coger el teléfono para hablar con Howard, no le apetecía en absoluto, y a él le sucedía lo mismo.

Maissa se habituó a dar largos paseos sola, ya fuese cerca del mar o en algún bosque donde ponía o intentaba poner sus ideas en orden. Se fue reencontrando consigo misma y poco a poco llegó a la conclusión de que Howard podía hacer con su vida lo que él quisiera, pero ella decidió que no iba a seguir viviendo en un entorno tan hostil y haciendo el papel de estúpida que no se enteraba de nada.

Aprovechó su estancia en España para firmar el contrato de compra de un piso, no se molestó en consultárselo a Howard. Ella llevaba esperando tres años que él se decidiese a venir a España e hiciese algo por ella, pero sabía que no daría el paso, así que decidió dejar de esperar y actuar por su cuenta.

El verano pasó y llegó el momento de volver a la realidad. Maissa hizo las maletas para volver a casa junto a Howard con mucho pesar. Les pidió a sus amigos que no la acompañasen al aeropuerto. Era mejor que se despidieran en casa, cada despedida se volvía más dura.

Se fue muy triste, pero esta vez sabía que volvería a su hogar y sería de forma definitiva. Ya en el aeropuerto de Madrid, sentada en un restaurante cenando mientras hacía tiempo hasta el momento de embarcar, se le pasó por la cabeza mandarlo todo a la mierda y, sencillamente, no coger ese avión de vuelta y quedarse en España. Pero Maissa sabía que ese no era el camino correcto.

Era un vuelo nocturno y transcurrió rápido, o al menos eso le pareció a ella. El avión tomó tierra a las seis de la mañana, hora local. Como era domingo, Howard se ofreció a recogerla en el aeropuerto. Después de tres meses sin verlo, notó que estaba pálido y más delgado. Allí mismo en el aeropuerto, recién subidos al coche, le dijo a Maissa que nuevamente iba a perder su trabajo, aunque algo ya le había anticipado por teléfono.

Cuando llegaron a casa, Maissa acusaba el cambio horario y no tenía ganas de dormir, así que se puso a deshacer el equipaje. Él no dejaba de observarla y no hacía más que hablar de sí mismo. Ella decidió escuchar y no decir una sola palabra, ya hablaría con él más adelante.

A los dos días de su llegada, le dejó muy claro que había tomado la decisión de regresar a Europa, que aquello le resultaba insoportable y que él era libre desde ese instante de hacer lo que quisiera con su vida. Además, le comunicó a Howard que había adquirido un inmueble en construcción y que, supuestamente, debían entregárselo en un año aproximadamente.

La vida de Howard era cada vez más gris. En cuanto se volvió a quedar sin trabajo, se pasaba la vida yendo al psicólogo, al foniatra y al gimnasio. La actitud de Maissa cambió por completo, evitaba cualquier discusión con él. Su salida era ya cuestión de meses.

Poco a poco empezó a preparar su regreso a España. Con el paso de las semanas, su relación volvió a entrar en una tensa calma, pero que en cualquier momento podría estallar. Viendo cómo se iban desenvolviendo los acontecimientos, Maissa decidió ir a pasar la Navidad a su tierra. Howard le dijo claramente desde el principio que esta vez no pensaba acompañarla.

—Me parece un momento idóneo para que pienses qué quieres hacer con nuestra relación —le contestó ella.

Maissa tenía claro desde hacía tiempo que ella volvería a España, con o sin él.

Durante las cuatro semanas que Maissa estuvo de viaje, trató de no tener mucho contacto con él, quería que Howard se aclarase. Necesitaba una respuesta clara y firme, y llevaba años sin recibirla.

Cuando Maissa regresó de Europa, iba mentalizada para cualquier opción, pero una vez más Howard fue incapaz de ser sincero, incluso consigo mismo. Le pidió a Maissa intentar solucionar sus diferencias y reconstruir su relación.

Por suerte, Maissa esta vez no cayó en la trampa y no se lo tomó demasiado en serio. Ella le dijo que le parecía una buena idea, pero en su fuero interno sabía que se trataba de otra de las tantas tácticas de Howard para ganar tiempo y así no tener que tomar ninguna decisión. Le dijo que estaba de acuerdo porque solo pretendía tener paz hasta su partida. Solo jugó el mismo juego que su marido por una vez en su vida, para mantenerse fuerte y así salvaguardar su salud mental.

Howard llevaba cuatro años jugando con ella, la tenía en una total incertidumbre, y Maissa ya no podía seguir soportando ni a Howard ni sus actos.

Además de eso, le sugirió a su mujer que debían acudir a una terapia de pareja. Cuando Howard salió con esa idea, ella fue firme y le dijo que ni hablar. Maissa no estaba dispuesta a gastar dinero, tiempo y un gran esfuerzo emocional en algo que sabía que no tenía futuro alguno.

Como casi siempre, su intuición no falló. A los pocos días descubrió que una señorita —por llamarla de alguna manera— le escribía wasaps de manera reiterada y bastante cariñosos a Howard. En un descuido de Howard, la propia Maissa le envió un guasap a esta persona y le dijo: «Aún sigo casada con Howard y aún estoy aquí, así que deja de enviarle mensajes». Ella era una mujer de carácter y no tuvo ningún reparo en contarle ella misma a Howard lo que había hecho. No esperó a que fuese esta señorita quien se lo contara. ¿Para qué?

Maissa pensó en marcharse en ese mismo instante, pero era consciente de que le quedaban muchas cosas por resolver, así que decidió ser fría.

Aquel verano, ya se había anticipado y, unos días antes de marcharse a pasar la Navidad a Europa, se hizo socia de un hotel de lujo, y con eso adquiría el derecho a usar a diario la piscina y las instalaciones del hotel. Era una fantástica piscina con vistas al mar, en un piso bastante alto, con servicio de hamacas, toallas, restaurante. Maissa compraba así su paz y hacía su vida por su cuenta, no necesitaba para nada acudir a la famosa casa de playa de los padres de Howard. Ya hacía tiempo que había ido poniendo distancia con cada uno de los miembros de la familia de Howard.

Además, esta vez las cosas habían llegado a un punto en que la paz y la tranquilidad de Maissa estaban por encima de todo.

Los padres de Howard le habían hecho saber a él que no querían verla ni en pintura, pues, según ellos, había dejado a su hijo solo en una fecha tan delicada como la Navidad.

El verano fue pasando y Maissa alternaba sus idas y venidas a la piscina del hotel con su trabajo, sus reuniones sociales y sus preparativos para su regreso a Europa. En paralelo, cuando ya nadie lo esperaba, Howard consiguió un nuevo trabajo, de lo cual Maissa se alegraba profundamente, y también le sirvió para entender que Howard, definitivamente, nunca iría a vivir a Europa, al menos con ella. Aunque a ratos él intentase hacerle creer lo contrario.

Los padres de Howard le hicieron saber a través de él que seguían muy molestos con ella por la distancia que esta había puesto con ellos. Cuando Howard se lo dijo, Maissa no pudo hacer otra cosa más que echarse a reír.

De vez en cuando su marido le mencionaba la posibilidad de reunirse con ella en España más adelante. Maissa lo oía, pero hacía mucho tiempo que había dejado de escucharlo. Estaba harta.

En un momento dado también le hizo saber a Howard que si él iba a vivir a Europa con ella y sus padres decidían visitarlo, jamás serían bienvenidos en su casa y deberían alojarse en un hotel. Pensó que ese sería el empujón definitivo que él necesitaba para quedarse en su confortable vida, sin arriesgar nada por nadie.

Hacia el fin del verano, Maissa adquirió su billete de regreso a Europa, esta vez solo de ida, por fin. En paralelo, empezó a preparar su mudanza, contrató una empresa que se encargaba de todo, y poco a poco fue cerrando todos los temas pendientes de trabajo que aún le quedaban.

Casualmente, ese año, en la misma época que Maissa, regresaba a Europa la mayor parte de los españoles que residían en la ciudad, así que tenía la agenda social llena de eventos.

33

Como Maissa había residido en la ciudad más de diez años, tenía un nutrido grupo de amigos y conocidos dentro de la colonia, así que decidió organizar ella misma su despedida, pues nunca le gustó que nadie le organizase la vida.

Un mes antes de su regreso, celebró una despedida organizada por ella misma en un lujoso hotel, del cual era cliente habitual y donde, en los momentos más duros de su vida junto a Howard, solía acudir al piano-bar a tomar alguna copa y escuchar al pianista que allí tocaba. Creyó que ese era el mejor lugar para despedirse de la ciudad y de sus amistades, pues tenía un gran valor sentimental para ella.

La despedida consistió en un abundante cóctel con bebida y comida. Todas las asistentes, unas cuarenta, eran españolas, salvo su amiga Cloe y la cuñada de esta, Deborah. Maissa tuvo que hacer una petición muy especial a sus amistades ese día, y era que no colgasen ninguna foto en las redes sociales, pues Howard, como siempre, había vuelto a ser cobarde y había sido incapaz de decirle a su familia que ella se marchaba definitivamente.

También asistió a varias despedidas de amigas suyas que, como ella, daban por finalizada su estancia en el país y volvían a casa.

Las siguientes semanas Maissa se dedicó a hacer su equipaje, con su ropa y sus cosas personales, que no era poco. Lo demás quedaba a cargo de la empresa de mudanzas que había contratado unas semanas atrás. Al final acumuló cuatro maletas y algunos bultos de mano.

El día de su vuelta a Europa fue a comer con Howard, pero él ya no la acompañó al aeropuerto; un amigo personal de Maissa puso a su disposición un coche con chófer para que la llevase.

Maissa podría decir que se marchaba con pena, pero mentiría. Se marchó apenada por la incapacidad de Howard de decir por una sola vez una verdad no solo a ella, sino a sí mismo.

Llegó al aeropuerto con tiempo, iba muy cargada. Facturó las maletas y una vez que se deshizo de ellas, pasó los controles y llegó a la sala vip, donde, como quien sabe que ya no cabe esperar nada más, se tomó un par de vodkas con tónica.

Al rato anunciaron el inicio del embarque de su vuelo. No tenía compañero de viaje ni físico ni real, iba sola en un asiento en *business class*; no había otro asiento al lado del suyo.

El avión recorrió la pista y alzó el vuelo. Al poco la azafata vino ofreciendo copas de *champagne* a los pasajeros. Maissa había bebido antes muchas copas de *champagne*, pero nunca ninguna le supo tan bien como aquella.

Once horas y media más tarde, su avión tomaba tierra en el aeropuerto de Madrid. Por fin estaba en casa, libre de muchas, muchísimas cosas.

Volver a empezar no fue un camino de rosas para Maissa, pero nunca, ni una sola noche ni tampoco un solo día, se arrepintió de haber dejado a Howard y regresar a su mundo.

Epílogo

La vuelta de Maissa a España fue muy dulce al principio, pero, una vez pasado el verano, era muy consciente de que tenía que volver a construir una vida, volver a empezar de cero.

Vendrían años muy difíciles. Maissa inició un proceso de divorcio con Howard que le llevaría casi cuatro años entre abogados, procuradores, juzgados y registros civiles. No por causa de ella; si por Maissa hubiera sido, le habría dado el divorcio a Howard en el acto en el que se lo pidió, pero las condiciones en las que Howard pretendía que ella firmase el divorcio eran inadmisibles, así que no le quedó más remedio que pelear y luchar por defender sus intereses.

Fue una etapa muy dura y que se prolongó en el tiempo.

A pesar de todos los problemas que Maissa atravesó durante esta etapa, en el año 2017 conoció al que actualmente es su marido y con el que sigue felizmente casada a día de hoy. Durante estos años también logró retomar su trabajo en el sector de la joyería.

Pero la vida le tenía preparadas algunas sorpresas que no serían particularmente agradables, sino más bien bastante duras.

Si así lo desean los lectores, habrá segunda parte.

Maissa Ferrero

Índice